PODER PARA VENCER

Libros de Tony Evans publicados por Portavoz:

30 días a la victoria a través del perdón
30 días para derribar fortalezas emocionales
30 días para superar los comportamientos adictivos
Alcanza la victoria financiera
¡Basta ya de excusas!
¡Cuidado con esa boca!
Discípulos del reino
Héroes del reino
El matrimonio sí importa
Nunca es demasiado tarde
Oración del reino
Oraciones para la victoria en tu matrimonio
El poder de la cruz
El poder de los nombres de Dios
El poder de los nombres de Dios en la oración
El poder de los nombres de Jesús
El poder de los nombres del Espíritu Santo
Poder para vencer
Solo para esposas
Solo para esposos
Sexo… una relación diseñada por Dios
Victoria en la guerra spiritual
La vida en el reino

PODER PARA VENCER

EL MENSAJE DE CRISTO A LAS SIETE IGLESIAS DE APOCALIPSIS

TONY EVANS

EDITORIAL
PORTAVOZ

La misión de Editorial Portavoz consiste en desarrollar y distribuir productos de calidad —con integridad y excelencia—, desde una perspectiva bíblica y confiable, que animen a las personas a conocer y servir a Jesucristo.

LIVING AS AN OVERCOMER
LIVING AS AN OVERCOMER WORKBOOK

Published by Harvest House Publishers
Eugene, Oregon 97408
www.harvesthousepublishers.com

Traducción: Rosa Pugliese

Las cursivas añadidas en los versículos bíblicos son énfasis del autor.

EDITORIAL PORTAVOZ
2450 Oak Industrial Drive NE
Grand Rapids, MI 49505 USA
Visítenos en: www.portavoz.com

ISBN 978-0-8254-5092-1 (rústica)
ISBN 978-0-8254-6317-4 (Kindle)
ISBN 978-0-8254-6326-6 (epub)

1 2 3 4 5 edición / año 34 33 32 31 30 29 28 27 26 25

Impreso en los Estados Unidos de América
Printed in the United States of America

RECONOCIMIENTOS

Quiero dar las gracias a mis amigos de Harvest House Publishers por su gran ayuda en la publicación de mis pensamientos, mis estudios y mis palabras. En particular, quiero dar las gracias a Bob Hawkins por su amistad a lo largo de los años, así como por su búsqueda de la excelencia al frente de su empresa. También quiero agradecer públicamente a Kim Moore y Jean Bloom por su asistencia en el proceso editorial. Además, quiero expresar mi agradecimiento a Heather Hair por sus habilidades y conocimientos en la elaboración de este manuscrito.

CONTENIDO

Introducción: Un llamado a vivir como un vencedor 9

PARTE 1: POR DÓNDE COMENZAR

1. La clave para vivir como un vencedor 13

PARTE 2: EL MENSAJE DE JESÚS A LAS SIETE IGLESIAS

2. Poner a Dios en primer lugar 33
3. Ser fiel hasta la muerte 51
4. Asumir un compromiso sin concesiones 67
5. Ver el pecado como Dios lo ve 83
6. Vivir en el poder del Espíritu 101
7. Acceder a la autoridad espiritual 121
8. Reflejar un cristianismo auténtico 137

PARTE 3: DECISIONES QUE TOMAR

9. Buscar el poder para la batalla espiritual 159
10. Vivir como un vencedor en todas las cosas 177
11. Buscar una vida piadosa 193
12. Gozarse en el crecimiento y la abundancia 209

Conclusión: De víctima a vencedor 221

INTRODUCCIÓN

UN LLAMADO A VIVIR COMO UN VENCEDOR

Dos de las pruebas más importantes de atletismo son el salto de altura y el salto con pértiga, y ambas presentan el mismo reto para los atletas: tratar de superar una barra horizontal situada a gran altura sin derribarla. Un buen saltador de altura masculino puede impulsarse hasta una altura de más de dos metros y medio. Un buen saltador de pértiga, por su parte, puede llegar a más de cinco metros y medio. La diferencia entre los dos es el elemento con el que trabajan. El saltador de altura depende totalmente de la fuerza de sus piernas, su habilidad, su resistencia y su entrenamiento para superar la altura de la barra. Sin embargo, el saltador con pértiga utiliza también una vara flexible que le ayuda a lograr un mejor impulso y una altura aún mayor.

Nuestras vidas están llenas de todo tipo de retos que intentan derrotarnos (dificultades, problemas, pecados, circunstancias adversas, pruebas) y muchos cristianos se ven incapaces de hacerles frente. No pueden sobrepasar la "barra" que tienen por delante sin derribarla porque su esfuerzo humano, sus habilidades y sus fuerzas son insuficientes para superar sus problemas. No pueden elevarse lo suficiente por sí mismos. Por tanto, en lugar de disfrutar de la emoción de la victoria, están constantemente soportando la agonía de la derrota. No han hecho lo necesario para vencer.

La buena noticia es que Dios, a través de la persona y la obra de su Hijo Jesucristo, ha dado a cada creyente las herramientas necesarias para ser un vencedor. Nos ha dado la posición, el poder y el protocolo que necesitamos para ser vencedores, para que no tengamos que vivir siempre derrotados. Antes bien, la victoria está a nuestro alcance cuando nos aferramos a Aquel que ya lo ha vencido todo por el bien de la humanidad y de cada uno de nosotros.

Sin embargo, a veces no reconocemos la providencia de Dios o estamos tan absortos en nuestros problemas que no nos damos cuenta de su mano soberana. Por eso es importante estudiar regularmente las Escrituras y aprender de quienes nos han precedido. La Biblia no es solo una colección de historias diseñadas para hacernos sentir bien. Más bien, es la voz de Dios impresa, y Él utiliza las historias y los principios de su Palabra para nuestro beneficio actual. Cuando nos disponemos a estudiar las Escrituras, siempre hay una aplicación práctica para nosotros, tanto de forma colectiva como individual, siempre y cuando le pidamos a Dios que nos la revele.

El estudio de las siete iglesias a las que Jesús se dirigió en el libro de Apocalipsis (ubicadas en las antiguas ciudades de Éfeso, Esmirna, Pérgamo, Tiatira, Sardis, Filadelfia y Laodicea) no es diferente. Por eso he escrito este libro y una serie de preguntas de reflexión, que figuran al final de los capítulos 1 a 8, para ayudarte a ti y a tu grupo a profundizar en la aplicación práctica de lo que han aprendido.

Mi deseo es que conozcas cada iglesia de forma individual y luego permitas que las verdades reveladas acerca de sus miembros te ayuden a vivir como un vencedor en tu propia iglesia y en el mundo que te rodea. Además, quiero que comprendas que serás recompensado en la eternidad por ser un vencedor.

De todo eso trata *Poder para vencer*.

PARTE 1

POR DÓNDE COMENZAR

Antes de profundizar en los mensajes que Jesús dirigió a las siete iglesias en Apocalipsis 2 y 3, necesitamos entender algunos conceptos fundamentales y responder algunas preguntas relevantes. ¿Cuál es la clave para vivir como un vencedor? ¿Qué es la independencia espiritual y por qué es tan perjudicial para nosotros? ¿Qué tiene de especial el número siete que vemos reiteradas veces en Apocalipsis? ¿Qué significa oír? ¿Ya hemos vencido o todavía necesitamos vencer? Hay más, pero comencemos.

1

LA CLAVE PARA VIVIR COMO UN VENCEDOR

Todos tenemos retos que enfrentar: circunstancias difíciles, emociones perturbadoras, hábitos perjudiciales o situaciones complejas que nos limitan. Sin embargo, vivir como un vencedor tiene más que ver con la forma de afrontar estas adversidades que con la forma de evitarlas. Ser un vencedor no es una fórmula que nos ayude a vivir una utopía diaria, sino más bien un plan para vencer las dificultades que se nos presentan. Ser un vencedor no es un acontecimiento, sino un estilo de vida. Vivimos como vencedores cuando los principios que examinamos en este libro operan regularmente en nuestro corazón y en nuestra vida. Y cuando vivimos conforme a estos principios, ya somos vencedores gracias al poder de la autoridad del reino de Cristo.

No obstante, si eso es cierto, ¿por qué parece que todavía estamos en una batalla? ¿Y qué nos impide adoptar el estilo de vida de un vencedor?

INDEPENDENCIA ESPIRITUAL

La celebración anual del Día de la Independencia en nuestra nación marca el comienzo de una temporada de descanso, esparcimiento, buena comida e incluso grandes exhibiciones de fuegos artificiales. No obstante, nos centraremos en otro tipo de independencia: lo que yo llamo independencia espiritual. Si has reconocido a Cristo como tu único Dios y Salvador, has declarado tu independencia del dominio del pecado y de Satanás sobre tu vida. Dios te ha hecho libre. Como señala Colosenses 1:13, "[Dios] nos ha librado de la potestad de las tinieblas, y trasladado al reino de su amado Hijo".

Si has reconocido a Cristo como tu único Dios y Salvador, has declarado tu independencia del dominio del pecado y de Satanás sobre tu vida.

Dado que has obtenido la independencia espiritual del dominio de Satanás, tal vez te preguntes por qué, entonces, a menudo te sientes como si todavía estuvieras en una batalla. Así como los británicos no permitieron que sus colonias norteamericanas obtuvieran su libertad simplemente pidiéndola o declarándola sin más, Satanás no querrá dejarte libre sin poner oposición. Él sabe que, si te permite escapar de su influencia, serás peligroso para su agenda. En vez de que él te diga qué hacer, tú le dirás lo que vas a hacer.

Eso no le gusta nada a Satanás. Aunque Jesús, legalmente bajo su ley, te ha librado del reino del pecado en tu vida, el diablo no quiere que seas libre de manera vivencial. Una cosa es tener la condición de libre; otra cosa totalmente distinta es experimentar esa libertad. Sin embargo, la verdad de la Palabra de Dios puede ayudarte a caminar hacia la plena comprensión y experiencia de la libertad espiritual.

En el libro de Apocalipsis, el apóstol Juan narra cómo Jesús envió un mensaje a cada una de las siete iglesias de Asia Menor y abordó este concepto de completa libertad espiritual de diversas maneras. Y el número siete desempeña un papel recurrente.

¿QUÉ HAY EN UN NÚMERO?

En la Biblia, el número siete representa integridad y plenitud, además de significar perfección, y aparece con regularidad a lo largo del libro de Apocalipsis:

- siete iglesias (1:4, 11, 20)
- siete candeleros de oro (1:12-13, 20; 2:1)
- siete estrellas (1:16, 20; 2:1; 3:1)
- siete espíritus (1:4; 3:1; 4:5; 5:6)
- siete lámparas (4:5)
- siete sellos (5:1, 5)
- siete cuernos (5:6)

Estas son solo algunas de las numerosas menciones del número siete en Apocalipsis. Y a veces, cuando se utiliza este número en las Escrituras, significa que algo *no* ha alcanzado su plena expresión. De modo que, de estos versículos con mensajes a las siete iglesias, podemos inferir que Jesús quiere que todas las iglesias alcancen la perfección y la plenitud sin que les falte nada. Desde luego que comunica a cada una de ellas un mensaje único, pero también como si les dijera a todas las iglesias en su conjunto: "Si vencen en estas siete áreas, habrán tenido una victoria total y perfecta. Estarán viviendo la vida completa y abundante que yo vine a dar en lugar de la vida de derrota que Satanás ofrece" (ver Juan 10:9-10).

Aunque cada una de estas iglesias tenía su propia particularidad, problemas, presiones y cargas, en realidad los mensajes de Jesús eran muy parecidos. Por eso, aunque cada uno de ustedes enfrente el reto de ser vencedores frente a necesidades y problemas diferentes (emocionales, físicos, circunstanciales, relacionales, financieros, profesionales o de cualquier otro tipo), la solución se basa en el mismo concepto.

Y aunque la particularidad de la situación de cada uno deberá abordarse de forma diferente, la solución global reside en este énfasis único para todos nosotros: "El que tiene oído, oiga lo que el Espíritu dice a las iglesias" (Apocalipsis 2:7, 11, 17, 29; 3:6, 13, 22). También en este caso, Jesús se dirige a las "iglesias" en su conjunto.

QUÉ SIGNIFICA OÍR

El Señor Jesucristo dice exactamente lo mismo siete veces a estas iglesias: "El que tiene oído, oiga lo que el Espíritu dice". Cada uno de sus mensajes (aunque cada uno está dirigido a un grupo diferente de personas con una serie diferente de problemas) se reduce a esta misma solución. Jesús sugiere que es posible tener oído y no oír. Es posible leer y estudiar la Palabra y aun así no recibir ni entender la verdad. Está diciendo que quien tenga la capacidad de recibir conocimiento debe prestarle atención y practicarlo, en lugar de limitarse a adquirir ese conocimiento. Porque oír con el oído tiene como objetivo prestar atención y aplicar la verdad de forma práctica.

Quien tenga la capacidad de recibir conocimiento debe prestarle atención y practicarlo, en lugar de limitarse a adquirir ese conocimiento.

Todos hemos hablado con personas que oyen nuestras palabras, pero no escuchan nuestro mensaje. Jesús está diciendo a la persona que tiene su oído externo: "Escucha el mensaje interno de lo que el Espíritu de Dios está diciendo". La iglesia se compone de personas individuales, por eso, aunque Jesús tiene un mensaje para toda la congregación, también es para cada persona que tiene oído. En otras palabras, cada individuo debe decidir si va a prestar atención personalmente al mensaje (escucharlo de verdad) y permitirá que el Espíritu Santo le hable de forma directa.

Asistir a los servicios de la iglesia o incluso a un grupo pequeño no hará que la verdad de Dios llegue a lo más profundo de tu espíritu. Solo cuando decidas realmente escuchar y aplicar prácticamente su verdad, se manifestará en tu vida el fruto de esa verdad (la capacidad de vencer). Es esta capacidad la que te lleva del "*venceremos*", la declaración escuchada a menudo durante el apogeo del movimiento por los derechos civiles, a "*hemos vencido*", la verdad de la Palabra de Dios para cada creyente.

VENCER: HEMOS VENCIDO Y VENCEREMOS

En 1 Juan 5 se subraya que *hemos vencido*: "Porque todo lo que es nacido de Dios vence al mundo; y esta es la victoria que ha vencido al mundo, nuestra fe. ¿Quién es el que vence al mundo, sino el que cree que Jesús es el Hijo de Dios?" (vv. 4-5). De modo que Juan está diciendo que nosotros, que somos vencedores en Cristo por nuestra fe en Él, ya hemos vencido. Sin embargo, lo interesante es que más de una vez en el libro de Apocalipsis, el apóstol usa la palabra *venceremos* en *tiempo futuro* (ver 2:7, 11, 17, 26; 3:5, 12). No dice que *hemos vencido*, sino que *venceremos*. En otras palabras, todavía *necesitamos* vencer.

De modo que, por un lado, *has vencido*, pero, por otro lado, todavía *necesitas* vencer. Todos aún necesitamos vencer. Aunque la victoria en Cristo ya nos pertenece, en esta vida todavía habrá tentaciones y pruebas que vencer. Jesús mismo lo reconoció (Juan 16:33).

La palabra griega utilizada para "vencer" en este pasaje es *nikeo*, que significa "prevalecer" o "salir ganando". Tiene que ver con salir victorioso en medio e incluso mientras atraviesas cualquier circunstancia difícil. Supone alguna dificultad o adversidad que trata de derrotarte. Por tanto, si hay algo que te aprisiona ilegítimamente (en tus emociones, tus circunstancias, tus relaciones, tu espíritu o tu físico), puedes vencerlo. Es decir, que puedes prevalecer y salir victorioso en tu vida. Puedes acceder al poder del que dispones.

Sin embargo, la vida es una experiencia participativa, por ello podemos elegir a qué poder acceder y qué queremos vencer. Dios ha puesto *nikeo* a nuestra disposición, pero depende de nosotros vivir de manera que lo desatemos en nuestra vida y en nuestras circunstancias.

No obstante, es posible ser un participante activo en la iglesia o llamarse cristiano y no vivir como un vencedor. Dios no nos impone su poder para vencer o sus fuerzas. Él nos ha dado libre albedrío. Por eso es tan importante estudiar estas siete iglesias y los mensajes de Jesús a cada una de ellas. Sus enseñanzas pueden ayudarnos a vencer nuestras propias dificultades y deseos equivocados.

LA REALIDAD VIVENCIAL

Todos sabemos que una pareja puede estar casada, pero no estar felizmente casada. En otras palabras, su estado legal no es el mismo que su vivencia real. Una licencia de matrimonio declara una cosa, pero su realidad dice otra totalmente distinta. Del mismo modo, cuando Juan señala que hemos vencido, se refiere a nuestro estado legal bajo la ley divina. Legalmente, Cristo ha hecho a cada creyente un vencedor, pero eso no significa que eso es lo que estamos experimentando en nuestra vida personal. Si una persona es infeliz y está casada, eso no la hace soltera. Solo la hace infeliz mientras está casada. De la misma manera, si una persona es creyente, pero vive una vida de derrota, eso no la hace no cristiana. Solo la hace una persona cristiana derrotada.

De modo que, aunque Dios te ha dado un estado legal en los cielos, tu realidad vivencial podría no estar en conformidad a este. No obstante, el objetivo del crecimiento espiritual (y aprender lo que podamos al estudiar el mensaje a las siete iglesias a las que Jesús se dirige en Apocalipsis) es hacer de nuestro estado legal nuestra realidad vivencial. Ser un vencedor en nuestras vivencias requiere tener el poder de Dios en nuestras vidas de tal manera que experimentemos y sintamos la libertad que este proporciona. Vencer significa prevalecer sobre un pecado o incluso sobre una serie de circunstancias ilegítimas.

Así como el Tribunal Supremo puede anular la sentencia de un tribunal inferior o un árbitro asistente de video puede anular la decisión de un árbitro de campo, hay Alguien que puede anular cualquier cosa que te esté gobernando ilegítimamente. Dios tiene el poder final, pero depende de ti aprovechar su poder para vivir como un vencedor. Muchos creyentes tienen una relación legal con Dios a través de la salvación, pero no acceden a su poder supremo por medio de una relación permanente sometida a su autoridad. Por lo tanto, viven derrotados por el pecado y las circunstancias.

Dios tiene el poder final, pero depende de ti aprovechar su poder para vivir como un vencedor.

La Biblia deja claro que, para ser un vencedor, debe establecerse un vínculo entre tu estado y tu postura, tu posición y tu comportamiento. Lo que es legalmente cierto para ti espiritualmente debe ser también lo que experimentas relacionalmente.

Un ejemplo de esta brecha es la diferencia entre la Proclamación de la Emancipación y el Día de la Liberación. Pasaron dos años y medio entre la emisión legal de la proclamación y el momento en que los esclavos de los estados del suroeste de Estados Unidos supieron que eran libres. Aunque legalmente eran libres, no lo eran literalmente porque la información sobre su libertad aún no les había llegado. No podían actuar conforme a la verdad de esa libertad.

Sin embargo, la tragedia del Día de la Liberación es que muchos siguieron siendo esclavos incluso cuando lo legal llegó a ser literal para ellos al saber que eran libres. Estaban tan acostumbrados a la esclavitud, que tenían miedo de ejercer su libertad. Esto puede parecernos sorprendente ahora, pero lo mismo ocurre con la forma en que muchos ven sus pecados, circunstancias adversas o relaciones malsanas. Siguen atados a esas cosas tan solo porque la idea de la libertad los asusta. La forma en que viven legalmente no es la forma en que lo hacen vivencialmente.

VER A JESÚS COMO REALMENTE ES

Para vivir como un vencedor, necesitas buscar el poder y la fuerza de Dios, y confiar que su gracia te transforma y te ayuda a encontrar el valor para buscar la verdadera libertad espiritual y emocional. Necesitas renovar tu mente con la verdad de la Palabra de Dios, y permitir que moldee tus pensamientos y actitudes, y que predomine sobre los patrones de pensamientos negativos y las mentiras del enemigo que te tienen atado. También necesitas seguir la voluntad de Dios para tu vida de una manera que honre su nombre y la agenda de su reino.

No obstante, para hacer todo eso, también necesitas ver a Jesús por lo que Él realmente es. Tienes que verlo como lo vio Juan. Este Jesús del libro de Apocalipsis no es la imagen que presentamos en la escuela dominical o los bonitos retratos que colgamos en las paredes de nuestras iglesias. No, este Jesús es como llama de fuego.

Juan escribe en Apocalipsis 1:13-17:

> [Vi] en medio de los siete candeleros, a uno semejante al Hijo del Hombre, vestido de una ropa que llegaba hasta los pies, y ceñido por el pecho con un cinto de oro. Su cabeza y sus cabellos eran blancos como blanca lana, como nieve; sus ojos como llama de fuego; y sus pies semejantes al bronce bruñido, refulgente como en un horno; y su voz como estruendo de muchas aguas. Tenía en su diestra siete estrellas; de su boca salía una espada aguda de dos filos; y su rostro era como el sol cuando resplandece en su fuerza. Cuando le vi, caí como muerto a sus pies.

Esta descripción de Jesús lo retrata como una figura poderosa y majestuosa, que irradia gloria divina y autoridad del reino. Su postura y sus atributos indican gran sabiduría, poder y firmeza. Juan se sintió tan abrumado por este Señor triunfante y sublime, que lo único que pudo hacer fue caer a sus pies.

De modo que este no es el Jesús blandengue que muchos subestiman hoy día. Antes bien, es el Rey Jesús que gobierna sobre toda otra autoridad. Es el Jesús que "despojando a los principados y a las potestades, los exhibió públicamente, triunfando sobre ellos en la cruz" (Colosenses 2:15). En la cruz, Jesús despojó a Satanás y a sus secuaces de toda autoridad, e incluso encabezó un desfile victorioso en el reino espiritual. Jesús no vino a jugar, sino a obtener nuestra victoria a través de su propia victoria.

Por ello, las Escrituras declaran una y otra vez que podemos tener la victoria a través del poder vencedor de Cristo. Leemos esto en varios pasajes, pero aquí hay tres:

> Antes, en todas estas cosas somos más que vencedores por medio de aquel que nos amó (Romanos 8:37).
>
> Estas cosas os he hablado para que en mí tengáis paz. En el mundo tendréis aflicción; pero confiad, yo he vencido al mundo (Juan 16:33).
>
> Mas Dios muestra su amor para con nosotros, en que siendo aún pecadores, Cristo murió por nosotros... Porque si siendo enemigos, fuimos reconciliados con Dios por la muerte de su Hijo, mucho más, estando reconciliados, seremos salvos por su vida (Romanos 5:8-10).

Tu capacidad de vencer está arraigada y cimentada en tu relación con Jesucristo y su poder liberador. En la cruz, Jesús tomó los pecados de todo el mundo y los cargó sobre sí mismo. Tomó todo pecado, dolor, engaño y destrucción, y llevó la carga.

Ahora bien, si un levantador de pesas puede levantar 300 kilos, no esperes que tenga problemas en levantar 100 kilos. De la misma manera, así como Jesús cargó con los pecados de todo el mundo en la cruz, no tendrá ningún problema en ayudarte a vencer lo que sea que estés enfrentando. Ningún problema es demasiado grande para Jesucristo. Ninguna adicción es demasiado fuerte como para que Jesús no pueda liberarte. Ninguna circunstancia o relación ha ido demasiado lejos para que Él no pueda redimirla. Jesús ya ha soportado el pecado de todo el mundo y las circunstancias que lo acompañan.

Lo que sea que estés enfrentando puede parecerte grande, pero debes saber que no es demasiado grande para Jesús. Él puede encargarse de eso. Es solo que tal vez necesites modificar a qué Jesús acudes en busca de ayuda. ¿Estás buscando al Jesús que el apóstol Juan vio y describió en el libro de Apocalipsis? ¿Estás buscando al Jesús que venció a Satanás en la cruz? ¿O estás buscando al Jesús que nuestra cultura ha rebajado y empequeñecido para que encaje en el molde que han elegido?

Si tu perspectiva de Jesús es la correcta, entonces sabrás que Él puede encargarse de cualquier cosa que enfrentes, y mucho más. Y cuando accedes al poder del Todopoderoso al ver a Jesús como quien realmente es, eres capaz de hacer lo que Juan revela que vio en una visión: "Y ellos [los hermanos] le han vencido [al acusador] por medio de la sangre del Cordero y de la palabra del testimonio de ellos, y menospreciaron sus vidas hasta la muerte" (Apocalipsis 12:11).

Este versículo (como te mostraré a continuación) puede cambiar tu forma de relacionarte con Jesús. Y cuando lo hagas, Él cambiará la forma de relacionarse contigo. Cuando te sujetas a Él, accedes a su cuidado, su cobertura y su poder.

PREVALECER SOBRE EL ENEMIGO

Los hermanos sobre los que Juan escribe en Apocalipsis 12:11 prevalecieron sobre el enemigo debido a tres cosas que hicieron, y nosotros necesitamos hacer lo mismo.

1. Identificarse con Cristo en fe

Cuando alguien se identificaba personal y públicamente con Cristo, prevalecía. A menudo, Dios pone la victoria a tu alcance, pero no en tu mano. Vivir como un vencedor está a tu alcance. Puedes tener esa vida cuando quieras, pero necesitas ejercer fe en Cristo para tenerla en tu mano.

Ahora bien, hablar de fe no es ejercer fe. Orar por fe es bueno, pero no es ejercer fe. Ir a la iglesia es bueno, pero tampoco es ejercer fe. Para ejercer fe de tal manera que te permita tomar lo que Dios tiene para darte, requiere identificarte con Jesucristo públicamente a través de tu forma de actuar y hablar, tu vida y tus labios, tus movimientos y tu boca. Se trata de tu compromiso y tu confesión.

En Gálatas 2:20, Pablo resume lo que esto significa no solo para él, sino para todos nosotros: "Con Cristo estoy juntamente crucificado, y ya no vivo yo, mas vive Cristo en mí; y lo que ahora vivo en la carne, lo vivo en la fe del Hijo de Dios, el cual me amó y se entregó a sí mismo por mí". Identificarte con Jesucristo significa que Él es tu punto de referencia actual. Si lo que Jesús hizo hace dos mil años es solo un acontecimiento histórico para ti, nunca accederás a su poder, como podrías hacerlo.

La realidad de lo que Jesús logró en la cruz es una realidad vigente. El poder que Él exhibió en la cruz es un poder vigente. Cuando Él dijo aún antes de su muerte y resurrección: "Toda potestad me es dada en el cielo y en la tierra" (Mateo 28:18), no estaba hablando solo de un momento específico en el tiempo. La interpretación de lo que declaró con esa frase es lisa y llanamente: "¡Ahora mando yo!". Jesús no vino a tomar partido por nadie. Vino a tomar el control. Vino a tener la última palabra. Por lo tanto, si no le permites tomar las decisiones en tu vida, es decir, si estás tomando decisiones fuera de su voluntad y su gobierno, no tendrás acceso a su poder y autoridad para vencer.

Identificarse con Jesús, entonces, es identificarse con el poder que Él manifestó y la victoria que Él obtuvo en la cruz.

2. Testificar públicamente de Cristo y su señorío

También vemos que los hermanos vencieron a través de "la palabra del testimonio de ellos". Fueron suficientemente valientes para hablar. Si vives como un agente secreto espiritual, un representante de la CIA, no puedes esperar que el poder de Cristo sea accesible para ti. Puedes olvidarte de vencer si te da vergüenza que te asocien con Jesús.

En Mateo 10:33, Jesús declara: "Y a cualquiera que me niegue delante de los hombres, yo también le negaré delante de mi Padre que está en los cielos". De modo que, si no quieres que te asocien públicamente con Jesús, si te conformas con solo una reunión privada entre creyentes los domingos, entonces has renunciado voluntariamente al poder de Cristo para vencer. Jesús es el Dios Todopoderoso. Él decide a quién ayuda y cuándo, y en parte su decisión depende de tu relación y reconocimiento público de Él.

Filipenses 2:10 habla de este testimonio "para que en el nombre de Jesús se doble toda rodilla de los que están en los cielos, y en la tierra, y debajo de la tierra". Dios recibe gloria cuando proclamamos a Jesús públicamente.

Confesar a Jesús públicamente puede compararse, hasta cierto punto, con una persona casada que lleva un anillo de bodas. Usa ese anillo para declarar públicamente que tiene una relación legal y vinculante con otra persona. Ahora bien, tú puedes estar casado y no usar un anillo de bodas, si esa fuera la única indicación, para que nadie sepa que estás casado, pero dudo de que tu cónyuge sonría por esa decisión.

Muchas personas que han entrado a formar parte de la familia de Dios como la esposa de Jesucristo no quieren llevar su anillo. No quieren que otras personas sepan que están unidas a Jesús en una relación de pacto. Y cuando no es "seguro" para ellos que los asocien con Jesús, responden (como lo hizo Pedro) "No conozco a ese hombre". Pero, debido a esta decisión, en Mateo 10:33, Jesús deja claro que cuando lo llamen para que actúe como Mediador entre ellos y Dios Padre, Él negará conocerlos. Mientras un cristiano sea un santo agente secreto, no estará accediendo o maximizando ni el poder ni la autoridad del reino que le corresponde por derecho a través del señorío de Jesucristo.

Jesús declara que la voluntad de una persona para confesarlo se convierte en la señal de su seriedad acerca de Él. Esto es mucho más que simplemente creer en Dios. Después de todo, Satanás cree en Dios. Someterse al señorío de Cristo (ponerlo a Él en primer lugar) implica declarar públicamente y demostrar una asociación con Él tanto en palabras como en acciones.

Someterse al señorío de Cristo... implica declarar públicamente y demostrar una asociación con Él tanto en palabras como en acciones.

La pregunta sigue en pie: Si te acusaran de ser cristiano, ¿habría suficiente evidencia para condenarte o serías declarado inocente de todos los cargos? Una vez más, Jesús establece un vínculo claro entre el reconocimiento público de sus seguidores y la confesión de Él ante los hombres y su confesión de nosotros ante el Padre.

Ahora bien, ten presente que Jesús no dice: "Si confiesan a mi Padre ante los hombres, entonces yo los confesaré delante de Él". Eso se debe a que es fácil para cualquiera decir que cree en Dios, por lo menos confesar que Él existe. Y el mundo tiene tantas definiciones distintas de esa única palabra que, a la hora de la verdad, decir simplemente "Dios" ya no significa gran cosa.

Sin embargo, cuando confiesas públicamente a Jesucristo, todo el mundo sabe de quién estás hablando. El nombre Jesús es sumamente específico. Estás diciendo que crees en Él para salvación eterna, y lo confiesas públicamente para liberación en la tierra. Su inversión y su participación en tu vida dependen tanto de tu declaración pública a través de tus palabras como de tus acciones, de que Él es el Señor. Como Pablo instó denodadamente a su hijo Timoteo: "no te avergüences de dar testimonio de nuestro Señor" (2 Timoteo 1:8).

Aunque no sea por otra razón práctica que la de acceder al poder de la liberación en la tierra, debes establecer y declarar a Jesucristo como Señor de tu vida y del mundo. Debes abrir tu boca públicamente y dejar que otros sepan a través de lo que dices (así como de lo que haces) que Él es tu Señor y Maestro, que no te avergüenzas de que te asocien con Él y de vivir bajo Él. Jesucristo está sentado a la diestra de Dios en los lugares celestiales, al igual que tú a causa de su redención en la cruz. De modo que accedes a su poder y autoridad a través de una declaración pública de su señorío en tu vida.

Además, la sangre de Jesús ha establecido el nuevo pacto bajo el cual debes someter toda tu vida a fin de recibir la completa cobertura y protección del pacto (Apocalipsis 12:11). Seguramente has oído decir: "Cubro con la sangre…". Están hablando de la sangre del pacto. Sin embargo, la forma de invocar la sangre del pacto no es pronunciar unas palabras supuestamente mágicas. Invocamos la sangre del pacto cuando nos colocamos bajo los términos del pacto y hacemos a Jesucristo Señor y autoridad de toda nuestra vida.

En los tiempos del Antiguo Testamento, los israelitas no podían decir: "Cubro con la sangre…". Tenían que colocar la sangre de un animal sacrificado en los postes de sus puertas para poder invocarla. Tenían que permanecer dentro de los límites protectores de las paredes que estaban conectadas a las puertas manchadas de sangre. De la misma manera, hoy día se debe permanecer en el pacto bajo el señorío y gobierno de Jesucristo a fin de poder experimentar el poder, autoridad, provisión y cobertura del reino para ser un vencedor.

Leemos acerca de este nuevo pacto en estos tres pasajes del libro de Hebreos:

> Pero ahora tanto mejor ministerio es el suyo, cuanto es mediador de un mejor pacto, establecido sobre mejores promesas (Hebreos 8:6).

> Así que, por eso es mediador de un nuevo pacto, para que interviniendo muerte para la remisión de las transgresiones que había bajo el primer pacto, los llamados reciban la promesa de la herencia eterna (Hebreos 9:15).

> Jesús el Mediador del nuevo pacto, y a la sangre rociada que habla mejor que la de Abel (Hebreos 12:24).

Jesucristo es el Señor del nuevo pacto, el Mediador único entre el cielo y la tierra (1 Timoteo 2:5).

Tengo una llave maestra del edificio de la iglesia donde soy pastor. Un miembro del personal que trabaja allí puede tener una llave de su propia oficina o incluso del sector del edificio donde se encuentra su oficina, pero está limitado en cuanto a las puertas que puede abrir en todo el edificio. Sin embargo, dado que yo tengo una llave maestra que abre cualquier cerradura, puedo ir a donde quiera ir.

Demasiados de nosotros no podemos ir a donde queremos ir porque no tenemos la llave *maestra*. Vamos a la iglesia, escuchamos un sermón y aprendemos una verdad, que nos da una llave para cierta habitación de nuestra vida cristiana, pero la llave para la vida cristiana como un todo es hacer a Jesucristo nuestro Señor y Maestro. La habilidad de vivir victoriosamente y hacer avanzar la agenda del reino de Dios en la tierra (en nuestras iglesias, nuestras comunidades y alrededor del mundo) viene a través de esta llave maestra única llamada el señorío de Cristo.

Y solo cuando el señorío de Jesucristo se refleje a través de su pueblo de manera individual y colectiva, el mundo experimentará el gobierno de Dios como el Creador quiso que fuera. Solo cuando el señorío de Jesucristo se refleje a través de tu vida personal, te beneficiarás del poder y la autoridad para vencer que Él te da.*

3. Estar dispuesto a sacrificarlo todo por Cristo

La tercera cosa que Apocalipsis 12:11 revela que debemos hacer para vencer es buscar una relación con Jesús que trascienda incluso la muerte, y más de un tipo de muerte. El versículo señala: "Menospreciaron sus vidas hasta la muerte". Muchos de los creyentes de la iglesia primitiva tuvieron que hacer realidad físicamente este tercer aspecto en sus vidas, pero también estamos llamados a una muerte diaria. A esto se refería Pablo cuando dijo "cada día muero" (1 Corintios 15:31). Y es lo que Jesús quiso decir en Lucas 9:23 cuando señaló: "Si alguno quiere venir en pos de mí, niéguese a sí mismo, tome su cruz cada día, y sígame". El compromiso de estos creyentes con Cristo era tan fuerte, que estaban dispuestos a sacrificar sus propios deseos y sus vidas para demostrarlo.

En nuestra cultura actual, nuestra vida física no se ve a menudo amenazada por seguir a Jesús, pero el principio sigue siendo cierto. Deberíamos estar dispuestos a sacrificar nuestros deseos para demostrar nuestro compromiso con Cristo, como mínimo. Al hacerlo, descubriremos el poder para vencer de su relación con nosotros.

Jesús debe ser la suma total de tu existencia, y cuando lo veas como tu Fuente y único proveedor de todas las cosas (no solo de tus necesidades materiales, sino también de tus necesidades

---

* El contenido de este capítulo que comienza con el párrafo "Confesar a Jesús públicamente" ha sido adaptado con permiso de Tony Evans, *The Kingdom Agenda* (Chicago, IL: Moody Publishers, 2013).

emocionales, espirituales y de cualquier otra índole) entonces será fácil comprometerte con Él. Vivir como un vencedor tiene que ver con una relación cercana y duradera con Jesucristo. Veremos más sobre esto en la Segunda Parte de este libro, donde profundizaremos en el estudio de las siete iglesias a las que Jesús se dirige en el libro de Apocalipsis.

PREGUNTAS DE REFLEXIÓN

1. ¿En qué situación sentiste que tenías fe, pero luego, cuando debías actuar conforme a esa fe, te diste cuenta de que no tenías tanta fe como pensabas?

2. ¿Qué papel juega la fe para vivir como un vencedor? Menciona en qué área de tu vida deseas una mayor fe. ¿Qué pasos puedes dar para conseguirla?

3. Lee Juan 16:33: "Estas cosas os he hablado para que en mí tengáis paz. En el mundo tendréis aflicción; pero confiad, yo he vencido al mundo".

   ¿Qué parece robarte la paz? ¿Por qué crees que ocurre? ¿Por qué debemos "confiar"? ¿En qué verdad está basada nuestra confianza?

4. Lee Colosenses 2:15: "...y despojando a los principados y a las potestades, los exhibió públicamente, triunfando sobre ellos en la cruz".

   ¿En qué situación concreta necesitas el poder de Dios esta semana?

5. Jesús despojó a sus enemigos y triunfó sobre ellos. ¿Cómo puede esta verdad darte poder para vivir como un vencedor?

6. ¿De qué manera estás dando a Satanás más autoridad de la que tiene merecidamente? ¿Cómo puedes cambiar eso? ¿Te comprometes a cambiar tu mentalidad y ajustarla a la Palabra de Dios?

PARTE 2

EL MENSAJE DE JESÚS A LAS SIETE IGLESIAS

Jesús pensó que era importante anunciar a las siete iglesias (de lo que entonces era Asia Menor) lo que necesitaban saber específicamente sobre su situación real, tanto lo bueno como lo malo. Sin embargo, Él también nos habla a nosotros. Puede que vivamos y nos congreguemos en los Estados Unidos del siglo XXI, pero eso no significa que las verdades y advertencias, las promesas y recompensas que vemos en los capítulos 2 y 3 de Apocalipsis no sean relevantes para nosotros hoy. Desde luego, lo son.

Empecemos con la iglesia de Éfeso y sigamos hasta la iglesia de Laodicea, la congregación por la que Jesús parece haberse preocupado más.

2

PONER A DIOS EN PRIMER LUGAR

LA IGLESIA DE ÉFESO

(Apocalipsis 2:1-7)

Ya conoces el logo distintivo de Nike. Está por todas partes. Y a menudo lo acompaña la frase *Just Do It* (¡Hazlo ya!). El logo de Nike representa fuerza, poder, conquista y victoria. ¿Pero sabías que la palabra *nike* viene de la palabra griega que significa vencedor? Es la palabra *nikeo,* que vimos en nuestro primer capítulo. Nike es el equivalente en español de este término griego. Proviene de la diosa griega de la victoria en la mitología griega.

Dios quiere que seas un ganador. Quiere que vivas con fuerza, poder y la capacidad de conquistar lo que la vida te depare. La palabra *nikeo* presupone que la vida hará eso, que hay algo o alguien que busca derrotarte, oprimirte o hacer que vivas como una víctima. Y, de hecho, es así.

Sin embargo, también tenemos que asegurarnos de tener claras nuestras prioridades, y ese es el tema del mensaje de Jesús a la primera iglesia a la que llegamos: Éfeso.

CÓMO ERA ÉFESO

Para tener una idea y conocimiento de Éfeso, visualiza la ciudad de Nueva York. Me encanta esa ciudad, así que no tengo ningún problema en imaginar cómo pudo haber sido Éfeso en aquella época.

Éfeso era la principal ciudad de Asia Menor, hoy Turquía. Era el centro del comercio, la cultura, la moda y la vida civil de la región. Si querías ir de vacaciones, ibas a Éfeso. Era un centro turístico. Y era una ciudad en auge económico. En cierto modo, también era como el Wall Street neoyorquino. Debido a su ubicación estratégica, Éfeso era donde se trataban importantes asuntos financieros.

En resumen, Éfeso tenía de todo.

También albergaba una enorme cantidad de idolatría. El templo de Diana, también conocido como templo de Artemisa o *Artemisium*, era una gran atracción idolátrica que congregaba a personas de todas partes del mundo y diferentes orígenes, culturas e incluso ideologías.

Aunque en Éfeso se adoraba y se ofrecía sacrificio a muchos dioses e ídolos, Diana era la que atraía las mayores pujas y la mayor atención. Era la diosa de la fertilidad, hermana gemela de Apolo, y representaba la salud, la riqueza y la caza. Su templo era enorme en tamaño, aproximadamente el doble de las dimensiones de la mayoría de los otros templos. De hecho, era tan grande que se lo ha denominado como una de las siete maravillas antiguas del mundo.

Éfeso tenía mucho que ofrecer a sus ciudadanos. Y lo que es más, en medio de esta metrópolis bulliciosa, rica e idólatra, el apóstol Pablo había plantado una iglesia, la iglesia a la que escribió una carta que se convirtió en el libro de Efesios que está en la Biblia.

La historia del inicio de la iglesia se relata en Hechos 19. En una ciudad llena de hechicería, brujería y toda clase de idolatría, las personas fueron salvas gracias a la enseñanza que se impartía en y a través de esta iglesia. Cuando lees Hechos 19, se puede percibir la energía y el entusiasmo de esta flamante iglesia, así como las dificultades que enfrentaban.

Tuvieron una gran influencia positiva con su entusiasmo y dedicación, pero de alguna manera se desviaron del camino. Ese es el estado de la iglesia cuando aparece en el libro de Apocalipsis.

COMIENZA EL MENSAJE DE JESÚS

El mensaje de Jesús a la iglesia de Éfeso tiene un buen comienzo. Al principio hace una introducción y luego un elogio antes de abordar el problema.

Juan escribe lo que Jesús quiere que diga el ángel de la iglesia de Éfeso:

> Escribe al ángel de la iglesia en Éfeso: El que tiene las siete estrellas en su diestra, el que anda en medio de los siete candeleros de oro, dice esto: Yo conozco tus obras, y tu arduo trabajo y paciencia; y que no puedes soportar a los malos, y has probado a los que se dicen ser apóstoles, y no lo son, y los has hallado mentirosos; y has sufrido, y has tenido paciencia, y has trabajado arduamente por amor de mi nombre, y no has desmayado (Apocalipsis 2:1-3).

El comienzo del mensaje de Jesús apunta a que la iglesia sepa que Él los conoce perfectamente y sabe quiénes son. Sabe de dónde vienen. Sabe dónde han estado e incluso lo que piensan. Jesús no quiere que duden de lo que vayan a escuchar de Él por ese medio, así que deja claro quién es Él verdaderamente y cuánto sabe. Un oyente que duda puede no responder a la exhortación, así que primero establece su poder. No solo puede sostener siete estrellas en su mano y caminar entre siete candeleros, sino que también lo ve todo.

Luego pasa a elogiar a la iglesia. Los felicita y les dice que está al tanto de sus buenas obras. Es consciente de su compromiso. Sabe que son una iglesia que sirve. Conoce sus programas, ministerios, predicaciones y compromiso con la comunidad. Incluso conoce sus clases de estudio bíblico y sus grupos de apoyo para la recuperación de adicciones. Sabe que tratan de hacer todo con excelencia y capacidad. La iglesia de Éfeso es realmente una iglesia modelo de servicio, llena de miembros activos.

De hecho, sirven tanto que Él pone de manifiesto que lo hacen hasta el punto del agotamiento personal. Eso es lo que implica *arduo trabajo*. Los elogia por su arduo trabajo y paciencia en todo lo que hacen. Trabajan con el sudor de su frente. Trabajan las horas extras necesarias para servir bien a los demás. Esta iglesia está compuesta por individuos que no saben lo que es *darse por vencidos*. Si vivieran hoy, seguramente serían una iglesia multitudinaria simplemente debido a su reputación. Sus videos en las redes sociales tendrían millones de vistas debido a la inspiración y la motivación del mensaje que proclaman. Viven lo que enseñan. Y cuando las cosas se ponen difíciles, no tiran la toalla. Es una iglesia firme donde servir es la norma.

Luego reconoce que es muy consciente de la antigüedad de esta iglesia y de sus representantes. Sabe muy bien lo que ellos han soportado por causa de Cristo, que no toleran a los hombres malos. Son conservadores tanto en teología como en doctrina. Son una iglesia que enseña las Escrituras, que cree en las Escrituras, que cita las Escrituras y que adora las Escrituras. Analizan todo conforme a la verdad de la Palabra de Dios. ¡Es una iglesia que entusiasma!

Sin embargo, a pesar de todo eso (el servicio, el sacrificio, la constancia, la separación del mundo e incluso el sufrimiento por su fe) ese elogio se transforma rápidamente en una crítica. Al parecer, lo hacían todo bien excepto una cosa clave, y una cosa clave muy significativa.

¿QUÉ DICES DE TU PRIMER AMOR?

"Pero tengo contra ti" —continúa el ángel—, "que has dejado tu primer amor" (v. 4). Pensemos un poco. Hay un giro inesperado en la trama. A esta iglesia basada en las Escrituras, con la reputación y fama de realizar una letanía de buenas obras, se la señala públicamente por faltar a *una* cosa. Se podría pensar que estaban a punto de ser aplaudidos y destacados como un modelo para las otras seis iglesias. Se podría pensar que todo lo que estaban haciendo bien estaba a punto de convertirse en una norma para los demás. Uno pensaría que por lo menos se les dejaría pasar una falta dados todos los elogios que Jesús les acababa de dar. Pero su mensaje no iba en esa dirección porque, aunque Jesús había sido su primer amor, su máxima prioridad, ya no lo era. Y Él lo sabía.

Esto nos enseña que, evidentemente, hoy día se puede ser una iglesia que sirve, o incluso un cristiano que sirve, y aun así errar rotundamente el blanco. Puedes ser una iglesia sacrificada, o un cristiano sacrificado, y desviarte del camino. Puedes ser una iglesia firme, o un cristiano firme, y estar muy lejos de alcanzar la meta de Dios. Puedes ser una iglesia separada del mundo, o un cristiano separado del mundo, y estar lejos de Cristo en tu corazón. Puedes ser una iglesia que sufre, o un cristiano que sufre, y haber dejado tu primer amor.

En resumen, puedes hacer todo bien y aun así fallar en tu relación con Él.

Si tú y yo queremos vivir diariamente como vencedores, debemos prestar atención al mensaje dado a esta iglesia casi modelo en Éfeso.

Esta falta en ellos es sutil, y por eso podemos pasarla fácilmente por alto en nuestras propias vidas. Dios no solo debe recibir nuestro amor; debe recibir nuestro *primer* amor. El problema con Éfeso no era que ya no amaban a Dios; era que ya no lo amaban primero. Ya no era la prioridad de su corazón y su relación con Él.

**Dios no solo debe recibir nuestro amor;
debe recibir nuestro *primer* amor.**

Dios no puede mentir ni pecar, pero hay otra cosa que no puede hacer. No puede estar en segunda posición o incluso más abajo que eso en la vida de ninguno de sus seguidores. La Biblia nos habla de sus legítimos celos (Éxodo 20:5; 34:14; Deuteronomio 4:24; 32:16; Josué 24:19; Salmos 79:5; 2 Corintios 11:2). Estos celos están arraigados en el carácter y el compromiso de Dios con nosotros, y por ser Él quien es, exige y merece la máxima prioridad en nuestras vidas.

¿Tienes edad suficiente para recordar la época cuando los automóviles no tenían cinturones de seguridad ni controles de mando centrales en los asientos delanteros? Yo sí, y te diré algo interesante que revelaba eso. Si uno de los miembros de una pareja se sentaba del lado opuesto del asiento del conductor, alejado de él junto a la ventanilla, eso indicaba una posible ruptura en su relación; no porque el conductor se hubiera movido, sino porque el pasajero se había movido.

Del mismo modo, si tú y Jesús no están tan cerca como solían estar, o no están cerca en absoluto, no es porque Él se haya alejado, sino porque tú te has alejado de Él. Ahora bien, Dios te creó y te salvó para que tuvieras una relación de amor con Él, no para que cumplieras deberes rituales. Cualquier inteligencia artificial u organismo cibernético podría haber sido creado para cumplir deberes. Dios desea que lo ames y que tus acciones reflejen o provengan de un corazón que lo ama como su máxima prioridad.

Amar es decidir buscar compasivamente el bienestar del otro. Amar a Dios primero es buscar apasionadamente su contentamiento, buscar lo que glorifica y hace bien a su Nombre. Amar a Dios primero no significa simplemente servirlo o cantarle. Tampoco significa tan solo decirle en tus oraciones que lo amas. El amor siempre se refleja en acciones que nacen del corazón.

Supongamos que un esposo le dice a su esposa que la ama y la valora, pero que no es la máxima prioridad en su vida. ¿Y si le dijera que le dedicaría tiempo cuando pudiera? Seguiría manteniendo a su familia y no la engañaría, pero solo pasaría tiempo con ella cuando tuviera tiempo o energía de sobra. ¿Crees que la esposa estaría contenta con ese tipo de "amor"? Yo tampoco.

El amor siempre se refleja en acciones que nacen del corazón.

Sin embargo, eso es lo que hacemos a menudo con Dios y esperamos que Él esté contento con nosotros. Le decimos que lo amamos, pero con nuestras acciones, también le decimos que no es lo primero para nosotros. Claro, que seguimos trabajando, sirviendo, asistiendo a la iglesia y orando, pero cuando se trata de pasar tiempo juntos para conocernos y experimentarnos mutuamente, Dios tiene que esperar hasta que tengamos tiempo o energía de sobra.

Esto no es poner a Dios primero. No es hacer de Él nuestra prioridad.

LAS PRIMICIAS

El libro de Proverbios destaca el primer lugar de Dios en nuestras vidas en lo que respecta a nuestros bienes materiales: "Honra a Jehová con tus bienes, y con las primicias de todos tus frutos" (3:9). Si bien muchos no entienden bien cómo se aplican a nosotros hoy "las primicias" de una cultura agrícola, el principio trasciende el tiempo.

El principio de las primicias implica dedicar lo mejor y lo primero a Dios. Implica honrarlo con lo que llamamos el "diezmo" (Deuteronomio 26:10-13). En los tiempos bíblicos, las personas calculaban sus ofrendas según los frutos que obtenían. Si se trataba de diez acres de tierra de labranza, dedicaban el fruto del primer acre a Dios. O si se trataba de un rebaño de corderos, honraban a Dios con el primer macho del rebaño. Al dar a Dios lo primero y lo mejor de lo que representaba su sustento personal y su supervivencia, lo estaban adorando como su principal Fuente (Deuteronomio 14:26).

Aunque hoy día no somos agricultores que llevamos a Dios nuestro diezmo en forma de productos físicos, sabemos que los frutos eran una forma de ingresos en la cultura bíblica. De modo que es fácil traducir el llamado a diezmar a dar una ofrenda monetaria hoy. Ambas cosas honran a Dios.

El Nuevo Testamento especifica que debemos dar nuestra primera y mejor ofrenda cada primer día de la semana (1 Corintios 16:2). De aquí asociamos dar a Dios durante los cultos dominicales. Entiendo que no todos cobran su sueldo semanalmente y que dar en línea o a través de otros medios puede y honra a Dios tanto como dar cada domingo, pero el principio de poner a Dios primero es lo que más importa.

POR QUÉ "PRIMERO" ES IMPORTANTE

Este mensaje de poner a Dios primero aparece en toda la Biblia. Deuteronomio 6:5 dice: "Y amarás a Jehová tu Dios de todo tu corazón, y de toda tu alma, y con todas tus fuerzas". *Todo* no puede significar segundo lugar. *Todo* solo puede significar primer lugar.

Uno de mis pasajes favoritos lo resume mejor: "Mas buscad primeramente el reino de Dios y su justicia, y todas estas cosas os serán añadidas" (Mateo 6:33). Si estás sirviendo a Dios, pero sin ponerlo a Él primero, en realidad te estás poniendo a ti primero. Solo estás cumpliendo con un deber porque piensas que hay una recompensa o un premio para ti más adelante. La iglesia de Éfeso hacía mucho por Dios, pero ya no lo hacían por amor, sino como un deber. El cumplimiento del deber había triunfado sobre su devoción. Sus regulaciones con respecto a Dios habían arruinado su relación con Él. Como resultado, habían dejado su primer amor.

En el béisbol, si fallas la primera base, nunca anotarás. No importa si bateas un jonrón. No importa si corres tan rápido como puedas. Ni siquiera importa si tocas la segunda base, la tercera base e incluso la base destino. Si no tocas la primera base primero, no anotas.

Demasiados creyentes corren tan rápido como pueden y batean tan fuerte como pueden, mientras les falta lo más importante. Les falta una devoción sincera a Jesucristo que lo pone a Él primero. Y cuando Jesús ya no es lo primero, entonces cualquier cosa que lo haya reemplazado, aunque sean tus propios intereses, es un ídolo. En cuanto a cómo Dios ve tu deber hacia Él, has salido de la iglesia y has entrado al templo de Artemisa con todos los demás. Lo que esté primero en tu corazón se convertirá en tu dios.

Eso no quiere decir que no ames a Dios. No quiere decir que no conozcas a Jesús personalmente. Sin embargo, cuando has permitido que algo usurpe el lugar que le corresponde al Señor en tus pensamientos, palabras, emociones o acciones, *eso* se ha convertido en lo primero en tu vida. Dios ya no es tu máxima prioridad.

Cuando has permitido que algo usurpe el lugar que le corresponde al Señor... Dios ya no es tu máxima prioridad.

EL DESEMPEÑO POR ENCIMA DE LA RELACIÓN

Una forma de descubrir si el primer amor se ha convertido en un amor secundario (o peor que eso) es ver si tu desempeño para Dios se ha convertido en un fin en sí mismo. Si estás más focalizado en tu lista de tareas para realizar que en tu relación con Dios, has perdido tu primer amor.

Cada vez que predico por predicar en lugar de predicar por un amor sincero y devoción al Señor, he dejado mi primer amor. Cada vez que pasas tiempo en tu devocional diario solo para tacharlo de tu lista de tareas pendientes, has dejado tu primer amor. Dios lo sabe todo, y Él sabe especialmente cuándo estamos buscando tener un buen desempeño en lugar de cultivar una relación.

En la vida cristiana, es posible seguir programas y procedimientos mientras pasamos por alto la persona de Cristo. Es posible tachar cada tarea de una larga lista de deberes espirituales, mientras pasamos por alto la cruz. Esto se debe a que, si una relación está basada en una lista, hay un problema en esa relación. De hecho, eso es vivir la vida cristiana por la ley y no por la gracia (Gálatas 5:4).

Lamentablemente, demasiados creyentes viven de esta manera. Presuponen que para ser un buen cristiano necesitan hacer esto, aquello y lo otro, al mismo tiempo que evitan esto, aquello y lo otro. Cuando tienen los puntos de su lista de tareas para realizar completamente tachadas, piensan que el Señor debe estar contento con ellos.

Esta historia bíblica sobre las hermanas Marta y María arroja luz sobre el problema (Lucas 10:38-42). Marta está ocupada en la cocina preparando una comida perfecta para Jesús, mientras María, sentada a sus pies, disfruta de una relación íntima con Él. Marta está tan enojada con María que ni siquiera la llama a la cocina, sino que sale y se queja a Jesús. Quiere saber por qué no le dice a su hermana que le ayude a preparar la comida.

¿Recuerdas lo que Jesús le responde? Lo leemos en los versículos 41 y 42: "Marta, Marta, afanada y turbada estás con muchas cosas. Pero solo una cosa es necesaria; y María ha escogido la buena parte, la cual no le será quitada". Jesús dice claramente a Marta que no enviará a María a cocinar (pues, entonces, tendría dos "Martas" con las que tratar). En cambio, le dice que solo una cosa es necesaria: estar con Él. En otras palabras, un guisado sencillo bastaría si eso dejara libre a Marta para pasar tiempo con Él.

Muchos de nosotros tenemos una lista de lo bueno que estamos haciendo para Dios, pero tenemos una lista mucho más corta de cómo estamos profundizando nuestra relación con Él. Cuando la devoción por una relación se apaga, la relación tiene problemas. Dios no solo quiere tu desenvolvimiento y tus obras; Él quiere tu pasión. Quiere el fuego.

¿QUÉ PASÓ CON EL FUEGO?

¿Cuántas parejas han dicho que el fuego de su relación ya no existe? Se han distanciado. No obstante, para que el fuego de una chimenea o de una hoguera se mantenga ardiente, debe haber una conexión íntima y continua entre los troncos. Cuando esa conexión desaparece, también lo hace el fuego. No importa si en ese momento tienes un millón de fósforos. Cada uno de ellos puede encender el fuego, pero la llama pronto se apagará. Para mantener el fuego encendido, los troncos deben estar íntimamente conectados y mantenerse calientes unos a otros.

Esto es similar a cómo muchas personas abordan su relación con Dios. Buscan insistentemente encenderse solo con un fósforo. Tal vez lo hacen cuando van a la iglesia y cantan canciones de adoración, pero el fuego se apaga apenas llegan al estacionamiento. Su vitalidad espiritual se ha desvanecido porque lo que empezó como una relación con Dios se ha convertido en un ritual. Lo que comenzó como intimidad se convirtió en actividad. Perdieron el fuego. Perdieron su primer amor.

Lo que Jesús está diciendo a los cristianos de Éfeso (y posteriormente a cada uno de nosotros que tenga oído para oír) es que el deber nunca debe reemplazar a la devoción si queremos ser vencedores. Antes bien, la devoción es transformar el deber en algo deseable, que se hace por amor como resultado de una relación arraigada en la prioridad de la intimidad.

Esto me recuerda la historia de un hombre que juega al golf cuando un cortejo fúnebre pasa por el campo en el que está jugando. Arroja al suelo su palo. Se arrodilla. Inclina la cabeza. Todo para rendir homenaje al difunto. Cuando termina el cortejo fúnebre, se levanta para retomar el juego.

El *caddie* que lo acompaña comenta:

—Vaya, has sido muy respetuoso. ¿Qué te llevó a hacer eso?

—Bueno, estuve casado con ella treinta y cinco años, así que me pareció correcto.

Las acciones del hombre parecían respetuosas, pero cuando conoces el contexto en el que se produjeron, te das cuenta de que no eran tan respetuosas. De hecho, sería más que despectivo para cualquier esposo faltar al funeral de su mujer para ir a jugar al golf.

Muchos observan las acciones de los cristianos y piensan que todo tiene que ver con Dios, pero solo Dios conoce toda tu historia. Él conoce tu corazón. Sabe si buscas tiempo para Él, aunque tienes muchas otras cosas que hacer. Sabe si te conectas a la programación de TV antes de entrar a su presencia. Sabe si estás tachando cosas de tu lista de tareas pendientes con la esperanza de recibir una recompensa o si lo haces con el deseo de evitar consecuencias negativas en tu vida. Y sabe que, aunque puedes hacer muchas cosas buenas para Él, si no lo pones a Él primero, son solo *cosas buenas*. No *buenas obras*.

Sin embargo, Dios te creó y te llama para buenas obras (Efesios 2:10). Y esas buenas obras nacen de tu corazón y se llevan a cabo con un espíritu de amor que busca la gloria de Dios y el bien del prójimo.

PASOS EN LA DIRECCIÓN CORRECTA

Lo primero tiene que ver con la prioridad. Dios quiere ser una relación prioritaria, no solo un programa en tu vida. Quiere asegurarse de que no permitas que los rituales de la religión sean solo un tranquilizante para ti, como cuando los bebés chupan un chupete y tienen la impresión de que hay alimento cuando no lo hay. No es ninguna sorpresa, entonces, que Jesús comience sus mensajes a las siete iglesias con el problema de no ponerlo a Él primero. Después de todo, si Él no tiene el primer lugar, nada más importa. Dios debe ser lo primero.

Si, al igual que la iglesia de Éfeso, no has puesto a Dios en primer lugar en tu corazón y en tu vida, fíjate en Apocalipsis 2:5, donde encontrarás tres pasos para volver a poner a Dios primero, tres pasos para volver a estar en sintonía con Él, y sabrás también qué sucederá si no lo haces: "Recuerda, por tanto, de dónde has caído, y arrepiéntete, y haz las primeras obras; pues si no, vendré pronto a ti, y quitaré tu candelero de su lugar, si no te hubieres arrepentido".

Veamos estos tres pasos, y uno más que también hay que dar.

1. Recuerda cómo era antes

Dios hace que el comienzo de la solución sea sencillo y claro. Si Él ya no es el amor prioritario en tu vida, recuerda cuando lo era. Recuerda cuando Él era todo lo que tenías y cuando era lo más importante. Recuerda que cuando no sabías cómo ibas a hacer para recuperarte de esa enfermedad o dificultad financiera, encontrar un cónyuge, conseguir el trabajo que necesitabas, dejar una relación tóxica o lo que fuera, lo buscaste a Él primero.

O recuerda cuando recién aceptaste a Cristo como tu Salvador y Él siempre era lo primero en tu mente. Sabías que tenías el respaldo de Dios porque Él tenía tu corazón. Cuando recuerdes cómo eran las cosas, sabrás cómo volver a eso.

2. Arrepiéntete de tu pecado

Segundo, debemos arrepentirnos. Ahora bien, solo hay una cosa de la que una persona se arrepiente en la Biblia, y es del pecado. Así que eso significa que dejar tu primer amor se considera un pecado. No es solo un error. No es solo un mal hábito. No es un "¡Uy!". Cuando tu relación con Dios es relegada a un segundo lugar o incluso menos que eso, estás viviendo en pecado.

Dios no le está pidiendo a la iglesia de Éfeso que escuche un video motivacional sobre cómo tener prioridad en sus vidas. Les está diciendo que se arrepientan de su pecado. Esto no es un problema de administración del tiempo. No es un problema de agenda. Es un problema de pecado. Y la única manera de salir de un estilo de vida de pecado es a través del arrepentimiento sincero. El arrepentimiento implica un cambio de mentalidad con el fin de cambiar de dirección.

3. Repite lo que hacías al principio

Luego el ángel dice a la iglesia que "repita" lo que hacía al principio. La llama a hacer "las primeras obras". Es decir, repetir todo lo que hacían al principio: dar prioridad a Dios. Para aplicar este principio en tu propia vida, piensa detenidamente en ese tiempo cuando Dios *estaba* primero. ¿Qué hacías sin siquiera pensarlo dos veces? ¿Cómo hablabas con Dios entonces? ¿Te hacías tiempo para leer y estudiar su Palabra? Para volver a dar prioridad a Jesús, tendrás que volver a lo que hacías cuando Él era tu máxima prioridad.

Juan 14:21 resume esta relación entre el amor y la acción: "El que tiene mis mandamientos, y los guarda, ese es el que me ama; y el que me ama, será amado por mi Padre, y yo le amaré, y me manifestaré a él". Cuando vuelves a Dios no solo con todo tu corazón, con toda tu mente y con toda tu alma, sino con todas tus acciones, Él se te revela como nunca antes. Se manifiesta a ti.

Lamentablemente, la razón por la que tantos cristianos no están experimentando el poder vencedor de Dios es que Él no se siente libre de manifestarse a ellos. Dios no se manifestará a alguien que lo pone en segundo lugar. ¿Por qué debería revelarte su plan para tu vida si sabe que vas a reemplazarlo con otra cosa u otra persona? Por eso es tan importante poner a Dios primero. Tienes que ir en contra de tu inclinación, tu pereza o incluso tu agenda.

Cuando vuelvas a poner a Dios en primer lugar en tu vida, Él te concederá parte de su poder vencedor mientras te revela su sabiduría, su voluntad y su fuerza.

Cuando vuelvas a poner a Dios en primer lugar en tu vida, Él te concederá parte de su poder vencedor mientras te revela su sabiduría, su voluntad y su fuerza. Te concederá el don para vencer. Leemos acerca de este don en la segunda parte de Apocalipsis 2:7: "Al que venciere, le daré a comer del árbol de la vida, el cual está en medio del paraíso de Dios".

Solo a los vencedores se les concede este don. Solo los vencedores podrán comer del árbol de la vida que está en el paraíso de Dios. Solo aquellos que vencen obtienen acceso a la recompensa futura de esta interacción especial y acceso al cielo. Solo los vencedores obtienen la oportunidad de comer de este alimento especial, de este árbol único. Esta intimidad viene por invitación. Es una intimidad futura reservada para aquellos que asignan un alto valor a la intimidad con Dios mientras están en la tierra.

Sin embargo, también obtienes el poder vencedor de Dios que se revela a ti en el presente. Aunque una recompensa futura es especial, no necesariamente te ayuda en el aquí y ahora. Así que esta recompensa viene también en el presente. A medida que Dios se manifiesta a ti aquí en la tierra, descubrirás lo que debes hacer, a dónde debes ir, qué propósito tiene para ti, qué te da más gozo, cómo tener relaciones saludables y mucho más. Descubrirás la sabiduría que Él tiene disponible para ti cuando te acercas a Él en una relación arraigada y cimentada en el amor puro.

He aquí, pues, un cuarto paso importante que debes dar.

4. Acepta la recompensa de conocer realmente a Dios

Conocer a Dios es una recompensa en sí misma, pero conocer a Dios es muy diferente a conocer acerca de Dios. Cuando estaba en el seminario y tenía clase de estudio bíblico a todas horas, en realidad me distancié más de Dios. A pesar de que leía la Palabra con suma regularidad, había hecho del estudio de la Palabra mi meta en lugar de conocer al Autor de la Palabra. Como resultado, obtuve notas sobresalientes en mis clases, pero una mala en mi relación con Dios.

Años más tarde, mientras trabajaba en mi Biblia de estudio y comentario bíblico, había madurado hasta el punto de saber que no debía volver a hacer eso. Cuidé que mi estudio no se convirtiera en una meta en sí misma. Estudié las Escrituras y luego escribí gran parte del comentario como parte de mi tiempo devocional diario en la Palabra de Dios. Debido a que pude desarrollar este trabajo a lo largo de muchos años, nunca perdí el contacto con el Autor mientras aprendía más sobre lo que Él escribió. De hecho, mi relación con Él se profundizó a medida que experimentaba e interactuaba con su Palabra viva de forma habitual a un nivel profundo. Dios se manifestó a mí de una manera nueva y original.

Lo que no sabía era que Él me estaba preparando para atravesar el valle más profundo de mi vida. Poco después de terminar el proyecto de la Biblia de estudio y el comentario bíblico, perdí a ocho miembros de mi familia en un lapso de dos años, incluida mi amada esposa, mi única hermana, mi hermano mayor y mi padre. Dios sabía que, para vencer en esa época, necesitaba una cercanía con Él que no me permitiera tirar la toalla. A través de esos años de estudio y de pasar tiempo con Él en su Palabra, Él me preparó de una manera que me llevó a buscarlo a Él primero, no el resultado ni la meta del proyecto en sí.

Cuando realmente conoces a Dios (sus pensamientos, su corazón y sus caminos, ya sea a través de su Palabra o en oración) eres capaz de vencer cualquier cosa sea lo que sea que enfrentes. ¿Por qué? Porque estás cerca de Aquel que ya lo ha vencido todo (Juan 16:33), lo que lo hace más que merecedor del primer lugar en tu vida. En Él, tendrás la paz, la fuerza y el poder que necesitas para superar los días difíciles.

PREGUNTAS DE REFLEXIÓN

1. Lee Deuteronomio 6:5: "Y amarás a Jehová tu Dios de todo tu corazón, y de toda tu alma, y con todas tus fuerzas".

¿En qué áreas de tu vida enfrentas una competencia por poner a Dios en primer lugar? ¿Estás dispuesto a arrepentirte de las cosas que antepones a Dios en tu vida y pedirle que te ayude a ponerlo en el lugar que le corresponde?

2. Lee Juan 15:5: "Yo soy la vid, vosotros los pámpanos; el que permanece en mí, y yo en él, este lleva mucho fruto; porque separados de mí nada podéis hacer".

   ¿Qué significa permanecer en Cristo?

   ¿Cuál es el resultado de permanecer en Él? ¿Cuál es el resultado de no permanecer en Él?

3. ¿De qué manera permanecer en Jesús puede ayudarte a vencer algunas de las dificultades que enfrentas actualmente? ¿Estás dispuesto a comprometerte a permanecer en Él mucho más que en el presente o el pasado? Pide a Dios que te dé sabiduría sobre cómo hacerlo.

4. Lee 2 Corintios 8:5: "...a sí mismos se dieron primeramente al Señor, y luego a nosotros por la voluntad de Dios".

¿Qué significa darse al Señor?

¿Crees que darte al Señor implica también darte a los demás?

5. Repasa Apocalipsis 2:5: "Recuerda, por tanto, de dónde has caído, y arrepiéntete, y haz las primeras obras; pues si no, vendré pronto a ti, y quitaré tu candelero de su lugar, si no te hubieres arrepentido".

   ¿Qué crees que significa que quitará tu candelero de su lugar?

6. Pide a Dios que te revele en qué área de tu vida no ocupa Él el primer lugar. Mientras Dios trae estos pensamientos a tu mente, pídele la fuerza y la sabiduría para darle el primer lugar en todos los sentidos.

3

SER FIEL HASTA LA MUERTE

LA IGLESIA DE ESMIRNA

(Apocalipsis 2:8-11)

Los estadounidenses vivimos en medio de una sociedad dividida y sumida en el caos político. La batalla por el poder y el control forma parte de nuestra historia, pero en este momento la vemos desplegarse una vez más ante nuestros propios ojos.

Una de las estrategias clave que se observan cuando los partidos políticos intentan ganar las elecciones es dirigirse a los "votantes indecisos". También conocidos como "votantes decisivos", estos pueden literalmente decidir el resultado hacia un lado u otro. Por ello gran parte, si no la mayoría, del discurso concerniente a las políticas y énfasis de gobierno aborda los temas que más les importan. Y los políticos saben que es mejor no intentar convencer a un demócrata acérrimo de que vote a un republicano o a un republicano acérrimo de que vote a un demócrata. Rara vez los votantes unipartidistas de toda la vida (o incluso los votantes partidistas generacionales) cambian de alineación política. Por ello, dado que pueden hacer o deshacer toda una campaña, estos votantes reciben el foco de atención.

Aunque podemos comprender fácilmente esta realidad y reconocerla en la estructura y el discurso de nuestra sociedad, no siempre nos damos cuenta de cuántos "cristianos indecisos" tiene Dios en su reino aquí en la tierra. Son cristianos que confiesan su Nombre mientras todo les va bien en la vida, pero cuando las cosas se ponen difíciles, no están realmente seguros de dónde están parados. De hecho, con los pies firmemente plantados en el aire debido a su postura ambivalente y ambigua, terminan por parecerse a muchos políticos.

Dios tiene un gran problema cuando se trata de cristianos a tiempo parcial, que se niegan a vivir como santos a tiempo completo. Dios no está de acuerdo con aquellos que vienen a Él en busca de bendiciones, pero lo dejan de lado cuando aparecen las dificultades. Estos individuos suelen querer los beneficios del cielo, pero no quieren molestarse en hacer el trabajo espiritual que trae los beneficios del cielo a la tierra.

Dios no está de acuerdo con aquellos que vienen a Él en busca de bendiciones, pero lo dejan de lado cuando aparecen las dificultades.

El apóstol Juan escribe a la segunda iglesia sobre este mismo tema: fidelidad en lugar de vulnerabilidad frente a los vientos y las olas de cambio.

JESÚS ES EL ÚNICO

Esta segunda iglesia estaba situada en Esmirna, aproximadamente a cincuenta kilómetros al norte de nuestra iglesia anterior, Éfeso. Esmirna era una ciudad portuaria muy conocida, y sus habitantes eran muy acomodados y de cierto prestigio. Además, tenían edificios erigidos en forma de corona. ¿Por qué? Porque era una de las ciudades de Asia que se centraba en el culto al emperador. (Más sobre esto en breve).

Esmirna era también un lugar donde los cristianos residentes experimentaban grandes tribulaciones y pruebas porque eran verdaderos discípulos públicos del reino. No eran reservados acerca de su fe. Y debido a los problemas que constantemente enfrentaban, en su mensaje a través del ángel, Jesús se presenta de esta manera: "El primero y el postrero, el que estuvo muerto y vivió" (Apocalipsis 2:8).

A la luz de lo que está a punto de decir sobre la persecución que se avecina, Jesús les hace saber que Él es el que estaba muerto, pero ahora está vivo. Quiere que sepan que, si alguien entiende de dificultades y pruebas, es Él. Jesús sabe que la fidelidad constante (el llamado que está a punto de hacerles) es posible a pesar de sus horribles circunstancias.

Lo sabe porque lo ha hecho. Y eso es lo hermoso de Jesucristo. Él puede identificarse con nuestros problemas. Puede identificarse con nosotros como Dios en el cielo, pero también puede identificarse con nosotros aquí en la tierra. Él experimentó el dolor y el sufrimiento, incluso la muerte, y fue obediente en todo. Por eso se presenta a la iglesia de Esmirna como Aquel que murió, pero que también resucitó. Quiere hacerles saber que la muerte no tiene la última palabra. Ningún sufrimiento tiene la última palabra.

Jesús quería que ellos y nosotros comprendiéramos que ser vencedores significa que nuestros problemas no son lo más importante. Ser un vencedor significa que lo que ves no es lo que finalmente recibirás. Significa que el viernes del calvario queda anulado por el domingo de resurrección. Y sea cual sea la muerte que estés enfrentando ahora mismo (la muerte de una relación, de tu carrera, de tu bienestar financiero, de tu buena salud o incluso de un sueño), Jesús quiere que sepas que Él tiene la última palabra sobre todo ello. Tiene la última palabra porque *es* el primero y *es* el postrero. Estuvo muerto, pero también resucitó.

La unicidad de Cristo nunca debe soslayarse en nuestra comprensión de las Escrituras. Su cualidad de único es lo que lo hace poderoso y capaz de ayudarte a vencer cualquier situación que enfrentes. El Niño del pesebre creó a su madre. El Niño del establo creó a los animales que lo rodeaban. La misma persona que tenía sed podía caminar sobre el agua. La misma persona que tenía hambre podía convertir las piedras en pan. La misma persona que podía morir en una cruz podía resucitar.

Jesús es el Cristo que ascendió a los cielos. Y por lo que Él es y todo lo que ha vencido y puede vencer, debemos verlo como Aquel que tiene todo bajo su control. Solo esta perspectiva te permitirá vencer lo que la vida te depare.

JESÚS ENTIENDE (Y NOSOTROS TAMBIÉN PODEMOS)

Después Jesús quiere que sepan que entiende sus circunstancias actuales: "Yo conozco tus obras, y tu tribulación, y tu pobreza (pero tú eres rico), y la blasfemia de los que se dicen ser judíos, y no lo son, sino sinagoga de Satanás" (Apocalipsis 2:9).

Jesús no está haciendo tan solo un comentario amable. Sabe que los miembros de esta iglesia están sufriendo de verdad, y les está recordando que Él sabe lo que han atravesado y lo que están atravesando en este momento. Nada lo ha tomado por sorpresa. Jesús nunca dice "¡Uy!" cuando trata de controlar este mundo en el que vivimos. Es totalmente consciente de todo lo que te sucede, porque es totalmente Dios. También es totalmente consciente de cómo te sientes en tus circunstancias, porque también fue totalmente hombre.

Si sientes que no puedes con las presiones emocionales, debes saber que Jesús conoce tu dolor. Si tienes problemas para pagar las facturas, debes saber que Jesús conoce tu estrés. Si estás llorando, debes saber que Él no solo sabe que estás llorando, sino que también sabe cómo te sientes. Si tu mundo se vino abajo, debes saber que Jesús también es consciente de ello, no solo porque es un Dios omnisciente que trasciende el tiempo y el espacio, sino también porque vivió una vida totalmente humana mientras estuvo en la tierra. En otras palabras, Jesús es tu Salvador, pero también es tu Salvador *compasivo*.

Por ello, cuando envía su mensaje a los miembros de la iglesia de Esmirna, lo primero que Jesús quiere que sepan es que siente lo que ellos sienten. Les transmite su compasión antes de hablarles de su futuro.

"NO TENGÁIS MIEDO"

Esmirna era una colonia romana donde la mayoría de las personas adoraban a César como su señor. De hecho, los ciudadanos romanos estaban obligados a reconocer a César como su dios, pero los cristianos que vivían en Esmirna tenían otro punto de vista. Se negaban a adorar al César y, en cambio, exaltaban a Jesucristo como Señor sobre todos. Eso creó inevitablemente un conflicto con el gobierno romano. Así pues, sufrían la presión y la opresión de no ceder ante la autoridad gubernamental en lo que respecta a su pretendido derecho de deidad.

En resumen, eran enemigos del Estado y, como tales, los habían colocado en una lista de vigilancia. Se les había confiscado sus propiedades y no podían acceder a los fondos de sus cuentas bancarias. Jesús lo revela cuando menciona que son ricos, es decir, espiritualmente ricos, pero viven en pobreza.

Vivir en pobreza puede complicar una dificultad aún más que la dificultad misma, principalmente porque las personas con dinero a menudo lo usan para tapar o incluso esconder lo mal que se sienten. Puedes gastar dinero en entretenimiento, fiestas y salidas de compras. Puedes gastar dinero en cualquier número de cosas para ocultar cómo te sientes realmente, pero como los cristianos de Esmirna vivían en pobreza, estaban cara a cara con su dolor. Eran espiritualmente ricos por su compromiso con Cristo, pero ese compromiso tenía un precio muy alto.

Algunos pueden identificarse con lo que significa sufrir por sus creencias cristianas. Tal vez hayas sido discriminado en tu trabajo. En los Estados Unidos, estamos llegando a un punto en el que, si declaras públicamente a Jesucristo como tu Señor, tendrías que prepararte para que te ataquen. Por eso este mensaje que Pablo envía al joven Timoteo parece más real cada año: "Y también todos los que quieren vivir piadosamente en Cristo Jesús padecerán persecución" (2 Timoteo 3:12).

Si nunca has sufrido rechazo o pérdida a causa de tu fe, tus creencias y tus valores cristianos, puede que sea el resultado de vivir según tus propias reglas, no las de Dios. Las Escrituras dejan claro que todos los que viven como discípulos del reino bajo el señorío de Jesucristo sufrirán persecución de alguna u otra forma. Por ejemplo, Pablo dice a los tesalonicenses: "Porque también estando con vosotros, os predecíamos que íbamos a pasar tribulaciones, como ha acontecido y sabéis" (1 Tesalonicenses 3:4).

Si nunca has sufrido rechazo o pérdida a causa de tu fe... puede que sea el resultado de vivir según tus propias reglas, no las de Dios.

Uno de los objetivos de la agenda liberal secular es desacreditar a la iglesia mediante acusaciones de discriminación. Muchos empresarios cristianos se han visto sometidos a un creciente escrutinio por sus valores. Sin embargo, cuando tu máxima lealtad es a Cristo, no a los intereses seculares o incluso a los gobernantes debidamente elegidos, enfrentar retos sociales forma parte del paquete.

Eso enfrentaban los creyentes de Esmirna. Bajo la mano soberana de Dios, que permitió que experimentaran sufrimiento y persecución, su fe fue probada.

POR QUÉ PASAMOS POR PRUEBAS

Dios a menudo permite las pruebas para que lleguemos a conocerlo de una manera más personal. Entonces, Él espera tres cosas de nosotros: que transmitamos nuestra experiencia de su compasión y bondad a otros, que crezcamos en nuestra vida cristiana, y que procuremos tener más intimidad con Él.

1. Transmitamos compasión y bondad a otros

Pablo escribe en 2 Corintios 1:3-5:

> Bendito sea el Dios y Padre de nuestro Señor Jesucristo, Padre de misericordias y Dios de toda consolación, el cual nos consuela en todas nuestras tribulaciones, para que podamos también nosotros consolar a los que están en cualquier tribulación, por medio de la consolación con que nosotros somos consolados por Dios. Porque de la manera que abundan en nosotros las aflicciones de Cristo, así abunda también por el mismo Cristo nuestra consolación.

De modo que una de las razones por las que Dios permite que sus seguidores experimenten dolor y problemas, incluso cuando estamos tratando de agradarlo y confesar su Nombre públicamente, es que Él sabe que alguien más adelante también necesitará consolación. No quiere que nos limitemos a ofrecer una oración por alguien necesitado; Él quiere que demostremos el amor de Cristo mediante nuestra compasión y bondad. Tal como hizo Jesús, quiere que transmitamos compasión y bondad a los demás en cualquier circunstancia que atraviesen. De ese modo, mostramos el amor de Jesús a quienes más lo necesitan.

2. Crezcamos en nuestra vida cristiana

Otra razón por la que Dios permite que los creyentes que lo siguen obedientemente experimenten sufrimientos es para ayudarlos a crecer. Leemos en Santiago 1:2-4: "Hermanos míos, tened por sumo gozo cuando os halléis en diversas pruebas, sabiendo que la prueba de vuestra fe produce paciencia. Mas tenga la paciencia su obra completa, para que seáis perfectos y cabales, sin que os falte cosa alguna".

Dios permite diversas pruebas en nuestras vidas para llevarnos a otro nivel de crecimiento espiritual. Siempre hay un propósito en tu dolor como creyente. Si buscas que tu vida sea un testimonio público para Jesús conforme a su voluntad, debes confiar en su plan, aunque no entiendas su obra en tus circunstancias. Dios permitirá que otras personas vengan en tu contra, te rechacen, conspiren contra ti, hagan política contra ti o te desechen por razones y propósitos que Él conoce, pero Él es mucho más de lo que puedes ver en la superficie o en cualquier situación. Dios trabaja tras bambalinas para perfeccionarte, fortalecerte y guiarte hacia el plan del reino que Él ha diseñado para ti.

3. Procuremos tener más intimidad con Jesús

Dios también permite que seamos probados para profundizar su realidad en nuestras vidas, para que tengamos una relación más íntima con Él. En Filipenses 3:10, se hace mención de "la participación de sus padecimientos". Esa participación se refiere a una mayor intimidad. Significa llegar a conocer a Jesús de tal manera que Él se vuelva real para ti en tu vida diaria. Si acudes a Jesús solo cuando necesitas una respuesta a una pregunta o quieres una bendición o protección o ayuda, eso no es conocerlo verdaderamente y conocer todo lo que Él tiene para ofrecerte.

Dios también permitirá a menudo dificultades en tu vida para llevarte a la desesperación de tal modo que necesites buscarlo de verdad. Él te permitirá sentir lo que Él sintió cuando sufrió en la tierra porque sabe que cuando lo hagas, te acercarás más a Él. Pasarás más tiempo con Él en oración. Leerás más su Palabra. Llegarás a conocer su corazón.

Dios también sabe que, si respondes a la adversidad con amargura y culpa, solo prolongarás tu sufrimiento y quizás incluso lo agraves, pero si respondes espiritualmente, te acercarás más a Él.

LA IGLESIA DE ESMIRNA ESCUCHA LA VERDAD Y UNA ADVERTENCIA

Una vez que Jesús estableció claramente la comprensión compartida del sufrimiento, y comunicó a los feligreses de Esmirna que se preocupaba por ellos y que comprendía lo que estaban atravesando, pasó a una verdad más profunda y a una advertencia. Leemos lo que Jesús quiere que el ángel les diga a continuación, en el versículo 10: "No temas en nada lo que vas a padecer. He aquí, el diablo echará a algunos de vosotros en la cárcel, para que seáis probados, y tendréis tribulación por diez días".

Jesús no se anduvo con rodeos. Después de reconocer su sufrimiento, les comunica que están a punto de sufrir aún más. Básicamente, les dice: "¿Creen que ha sido malo? Todavía no vieron nada". Por eso los anima a no tener miedo. Es fácil tener miedo cuando estás sufriendo a causa de tu fe. Es fácil tener miedo cuando estás siendo oprimido o herido. Es fácil tener miedo cuando el presente parece incierto y el futuro oscuro. Por eso, Jesús les recuerda que no tengan miedo cuando sus problemas empeoren. Les dice que no tengan miedo porque Él tiene el cronómetro en su mano. Solo Él determinará cuánto tiempo tendrán que sufrir.

Cualquiera que cocine usa un cronómetro para saber cuándo está listo su guiso, asado o lasaña para sacarlos del horno porque la comida ya está bien cocida. Si se sacara del horno demasiado pronto, no estaría hecha todavía. Si se sacara demasiado tarde, podría quemarse o incluso echarse a perder.

Dios tiene un cronómetro para los problemas que enfrentamos. En el caso de los creyentes de Esmirna, les dijo que serían diez días. Estaban a punto de sufrir diez días de dificultades, oscuridad y desesperación. No obstante, Él quería que supieran que su agonía tendría un fin. Si perseveraban, llegarían al otro lado del dolor.

La mayoría de las personas no se dan cuenta de que Satanás anda con una correa alrededor de su cuello. Se le ha dado espacio para vagar por esta tierra y hacer estragos debido a la rebelión de la humanidad que se somete a su autoridad; pero, al fin y al cabo, está atado a una correa. No puede ir más lejos. La soberanía de Dios no permite que Satanás tome las decisiones. Cualquier cosa que quiera hacer debe pasar primero por el filtro del plan soberano de Dios.

Por eso, Jesús pudo decir con confianza que los crecientes problemas que los creyentes de Esmirna estaban a punto de enfrentar tenían un punto final. El diablo está bajo Dios, y Él lo usará como quiera. Si no me crees, pregúntale a Job, ese hombre del Antiguo Testamento que sufrió. Dios le informa al diablo hasta dónde puede llegar y cuánto tiempo puede quedarse para causar problemas.

Esta es también la razón por la que Dios fue el que le dijo a Moisés que había llegado el momento de liberar a los esclavos israelitas de Egipto. Dios había establecido el momento de la liberación. El faraón pudo haber pensado que tenía el control. Puede que haya pensado que él llevaba la voz cantante, pero Dios era quien determinaba cuándo era el momento de liberar a su pueblo.

El principio clave a tener en cuenta mientras sigues a Jesucristo es su soberanía. Él es el eterno autosuficiente que determina el resultado final. Permanecer cerca de Jesús te da la fortaleza para soportar y la sabiduría para aprender mientras atraviesas las dificultades. Lo que Dios quiere es que mantengas tus ojos en Él durante los problemas.

SÉ FIEL, ASÍ COMO CRISTO ES FIEL

Luego, en Apocalipsis 2:10, Jesús continúa diciendo: "Sé fiel hasta la muerte, y yo te daré la corona de la vida". Les pidió a los creyentes de Esmirna que fueran fieles hasta la muerte, y nos pide lo mismo a cada uno de nosotros. Fidelidad significa confiar sin importar las circunstancias.

A veces es fácil ser fiel al Señor porque todo te va bien en la vida, pero otras veces quisieras tirar la toalla. Es difícil permanecer fiel cuando tus días se han vuelto confusos y oscuros, especialmente cuando estás sufriendo por hacer lo correcto. Empiezas a preguntarte dónde está la recompensa por seguir a Dios.

Jesús sabe que surgen ese tipo de preguntas en nuestro interior, por eso se aseguró de que los creyentes de Esmirna escucharan acerca de su recompensa por seguir adelante: la "corona de vida". Ten en cuenta que Él estaba hablando a personas que vivían en una ciudad rodeada de montañas que parecían una corona. Ellos sabían lo que significaba una corona. Sabían que una corona significaba autoridad, poder, gobierno y reconocimiento. Llevar una corona indicaba una posición de privilegio. Los que soportaran el dolor de los diez días intolerables de sufrimiento que se avecinaban, hasta el punto de morir, estaban por recibir una de las mayores recompensas de todas: la corona de la vida, es decir, una posición de gobierno superior con Cristo.

Esta revelación de la recompensa dio lugar a una mejor explicación de lo que Jesús quiso decir con "El que tiene oído, oiga lo que el Espíritu dice a las iglesias. El que venciere, no sufrirá daño de la segunda muerte" (v. 11). Los miembros de la iglesia de Esmirna tendrían que vencer la tentación de abandonar su fe en tiempos difíciles. Jesús les pedía que vencieran la tentación de alejarse de Dios. Si vencían esa tentación, recibirían la recompensa de ser guardados del daño de la segunda muerte.

La segunda muerte se refiere al infierno (Apocalipsis 20:14-15). Las Escrituras describen el infierno como un lago de fuego, pero como estos creyentes ya eran cristianos, es curioso que su recompensa fuera escapar de algo de lo que ya habrían escapado por ser cristianos. Por eso necesitamos profundizar en las Escrituras para obtener una mayor comprensión. Con un análisis más detenido del texto, podemos ver que ellos serán guardados del daño y dolor *causado* por aquellos en la segunda muerte. En otras palabras, los condenados al infierno pueden perturbar a los creyentes.

Sin embargo, aquellos que venzan (que mantengan la fe cuando su fidelidad pase por el fuego de las pruebas y las tribulaciones) serán guardados del ardid del infierno. A los pecadores destinados al infierno no se les permitirá que los perturben por más tiempo. No se les permitirá destruir su comunión con Dios. No se les permitirá destruirlos. Para ponerlo en un contexto contemporáneo, los condenados al infierno no podrán "cancelar" a los cristianos y hacer que pierdan su recompensa.

La cultura de la cancelación ha llevado el costo de vivir la vida cristiana pública a un nivel completamente nuevo. Por decir lo incorrecto una sola vez, la gente ha perdido carreras enteras. Además, lo que es "incorrecto" puede cambiar en un instante, pero las palabras de aliento para los que fueran probados en Esmirna es que, si se mantienen firmes en su fe hasta el final, serán salvos cuando la cultura de la cancelación les quite su tarjeta de membresía. No deben temer a las amenazas de quienes los rodean, porque parte de su recompensa es vivir en la seguridad y la protección del Rey de reyes, que les ha dado la corona de vida.

Cuando consideres tu postura por Jesucristo, ya sea en el trabajo, en tus relaciones, en las redes sociales o donde sea, debes saber que puedes enfrentar dificultades como resultado de tu confesión pública de Él. Puedes enfrentar días oscuros. Puede que enfrentes aislamiento o incluso pérdidas económicas, pero si te aferras a tu fe en Jesucristo y te mantienes firme, inamovible y siempre fiel a Él, Él te guardará y te protegerá de una sociedad condenada al infierno, que parece empeñada en destruir a las personas que confiesan el nombre de Cristo. Su cobertura es tu protección, y a su cobertura se accede a través de tu fiel compromiso con Él. Tu compromiso debe ser con Cristo.

No obstante, si fallas, detente y confiesa tu falta (arrepiéntete) y luego retoma el camino de la fidelidad. No tires la toalla. No te eches atrás. No estás aquí solo para ser discípulo, sino también para ayudar a otros a serlo. Estás aquí para decir, como Pablo: "Porque no me avergüenzo del evangelio, porque es poder de Dios para salvación a todo aquel que cree; al judío primeramente, y también al griego" (Romanos 1:16). Debes confesar el nombre de Jesús con regularidad, sabiduría y franqueza.

Y cuando los problemas vengan como resultado de confesar el nombre de Cristo, mantén tus ojos en Él. Sujétate. Abróchate el cinturón. Sé fiel. Él estará contigo en el dolor y te esperará al final con una corona de vida y todos los derechos y privilegios que conllevan esa posición

---

PREGUNTAS DE REFLEXIÓN

1. Lee Apocalipsis 2:10: "No temas en nada lo que vas a padecer. He aquí, el diablo echará a algunos de vosotros en la cárcel, para que seáis probados, y tendréis tribulación por diez días. Sé fiel hasta la muerte, y yo te daré la corona de la vida".

   ¿Qué tan difícil es no temer cuando sabes que estás a punto de padecer?

2. ¿Qué podemos hacer (o pensar) para disipar el temor a los problemas actuales o futuros?

3. ¿Saber que Satanás anda con una correa alrededor de su cuello y que Dios tiene el control de todo te ayuda a tener valor a la hora de enfrentar las pruebas o tribulaciones? ¿De qué manera te reconforta esta verdad?

4. Describe una ocasión en la que pensaste que el Señor estaba permitiendo pruebas y tribulaciones por alguna razón que solo Él conocía. ¿Qué te dio fuerzas para mantener la fe durante ese tiempo?

5. Lee Apocalipsis 2:11: "El que tiene oído, oiga lo que el Espíritu dice a las iglesias. El que venciere, no sufrirá daño de la segunda muerte".

   Este versículo habla de la recompensa de vencer las pruebas y tribulaciones que Satanás nos presenta. ¿Qué significa no sufrir daño de "la segunda muerte"?

6. Lee 2 Corintios 1:8-9: "Porque hermanos, no queremos que ignoréis acerca de nuestra tribulación que nos sobrevino en Asia; pues fuimos abrumados sobremanera más allá de nuestras fuerzas, de tal modo que aun perdimos la esperanza de conservar la vida. Pero tuvimos en nosotros mismos sentencia de muerte, para que no confiásemos en nosotros mismos, sino en Dios que resucita a los muertos".

   ¿Te sorprende que el apóstol Pablo haya perdido la esperanza de conservar la vida? ¿Por qué sí o por qué no?

¿Qué estaba enseñando Dios a Pablo y a sus compañeros durante esa dura prueba?

7. ¿De qué manera la realidad de que nada es definitivo, a menos que Dios lo diga, te da fuerzas para afrontar las pruebas que estás atravesando ahora o que podrías atravesar algún día?

8. ¿Cómo puedes recibir más poder de Dios para vencer las dificultades?

4

ASUMIR UN COMPROMISO SIN CONCESIONES

LA IGLESIA DE PÉRGAMO

(Apocalipsis 2:12-17)

¿Has conducido alguna vez detrás de alguien que no estaba muy seguro de qué carril de la autopista quería tomar? A veces permanecía en tu mismo carril, pero luego se cambiaba a otro. Y a veces, al menos durante unos segundos, conducía entre los dos carriles. Afirmar que esta persona es indecisa sería quedarse corto.

En una situación así hay que saber dos cosas. La primera, obviamente, es que el conductor está confundido. La segunda es que todos los que van detrás también están confundidos. Siempre que alguien está indeciso sobre qué "carril" tomar en la vida, inevitablemente crea indecisión en los demás también.

Ahora bien, ¿qué tiene que ver esto con la iglesia de Pérgamo?

Pues bien, ellos también tenían un problema con su compromiso. No obstante, primero veamos el contexto en el que vivían.

Por medio del ángel encargado de comunicar su mensaje, Jesús dijo a la iglesia: "Yo conozco tus obras, y dónde moras, donde está el trono de Satanás" (Apocalipsis 2:13). Pérgamo era la capital de lo satánico. Y como se recordará, la iglesia de Esmirna tenía un contexto similar, pues se decía que moraba en la sinagoga de Satanás (Apocalipsis 2:9). Sin embargo, aquí Jesús da un paso más en afirmar que Pérgamo está justo donde se encuentra el trono de Satanás. La iglesia se encuentra en una situación desesperante.

Entonces, Jesús sigue con su mensaje sobre cómo ser vencedores, cómo vivir por encima de la cultura, el caos y la degradación que los rodea: "...pero retienes mi nombre, y no has negado mi fe, ni aun en los días en que Antipas mi testigo fiel fue muerto entre vosotros, donde mora Satanás" (v. 13). Jesús está diciendo que la clave para experimentar la victoria eterna en medio de una experiencia terrenal, que no es la ideal, radica en una palabra: compromiso. Y no un simple compromiso, sino un compromiso sin concesiones. Está diciendo que, si los de la iglesia de Pérgamo quieren ser vencedores, deben ser cristianos sin concesiones, porque el compromiso y la transigencia no van de la mano.

Esto es similar al conductor confundido que mencioné antes. Los conductores no pueden comprometerse con seguir un determinado carril y al mismo tiempo ir cambiando de carril. Tienen que hacer una cosa o la otra. Las dos se excluyen mutuamente. Y Jesús señala que un compromiso sin concesiones debe ser el objetivo, especialmente para aquellos que están rodeados de una enorme cantidad de concesiones.

Volvamos a cómo se presenta Jesús a esta iglesia.

LA DENOMINACIÓN DE JESÚS: LA ESPADA DE DOS FILOS

Jesús ofrece esta clave a la iglesia de Pérgamo al presentarse de cierta manera. Al estudiar las siete iglesias de Apocalipsis, es importante tener en cuenta que cada una recibe una denominación diferente del carácter y las cualidades de Cristo en la primera parte de cada mensaje. Aquí, Jesús se presenta como "el que tiene la espada aguda de dos filos" (2:12). Esta denominación remite a Apocalipsis 1:16: "Tenía en su diestra siete estrellas; de su boca salía una espada aguda de dos filos; y su rostro era como el sol cuando resplandece en su fuerza".

¿Por qué se presenta Jesús de esta manera? Porque Pérgamo está sumida en el culto al Estado romano. Roma es la influencia dominante en Asia Menor, donde se encuentran estas siete iglesias, y eso significa que están gobernadas por la espada romana. Y la espada en tiempos bíblicos indicaba autoridad.

Por ejemplo, Romanos 13:4 se refiere al gobierno como el que "lleva la espada", que significa actuar como representante legal. Por lo tanto, con Satanás al control de la capital, los políticos y las autoridades de Pérgamo, era bastante normal que la reacción de los cristianos al verse obligados a inclinarse ante el César y adoptar las prácticas religiosas seculares fuera de desconcierto y preocupación. Y sabemos que esto es así porque Jesús se refiere a un creyente llamado Antipas, que se negó a doblegarse ante las autoridades fácticas, y eso le costó la vida. Fue un mártir de la fe. Así que, naturalmente, en este escenario de incertidumbre, los invadía un espíritu de temor.

Sin embargo, debemos recordar que cuando aparece el temor, necesitamos mirar a Dios y su mano soberana. Nunca debemos dar lugar a que la emoción del temor se convierta en un espíritu de temor al permitir que permanezca en nosotros.

Cuando aparece el temor, necesitamos mirar a Dios y su mano soberana.

Entonces, Jesucristo entra en escena y se presenta a los temerosos creyentes de Pérgamo y les ofrece su propia designación, el que tiene la espada aguda de dos filos, para abordar sus temores. Y la razón por la que les ofrece esto primero que todo es que les pide que hagan algo como resultado. Les pide que elijan a qué autoridad temerán más.

¿Temes al poder del hombre y su espada? ¿O temes al poder de Jesús y su espada, que es su Palabra? Lo que Jesús pretende transmitir con esta declaración inicial es que su autoridad es mayor a las autoridades que nos causan más temor. Aunque estemos aterrados o amenazados, o las circunstancias y las personas que nos rodean hagan difícil nuestra vida, Jesús nos recuerda que la clave para vencer es reconocer y permanecer en la verdad de que Él tiene autoridad sobre todos y todas las cosas. En Mateo 28:18 dijo: "Toda potestad me es dada en el cielo y en la tierra".

El hombre puede tener *una* palabra, pero nunca tiene la *última* palabra, ni en los tiempos más difíciles. Ningún gobernante, jefe, compañía, dueño, supervisor, esposo, vecino, amigo, doctor, enemigo, miembro de la familia (nadie) se impone sobre Dios. Todas las personas actúan con el permiso de Dios y nunca por orden propia, porque Dios domina como Rey sobre todos. Él es el soberano del universo. Además, tiene una espada y la autoridad divina para usarla.

Hebreos 4:12 dice: "Porque la palabra de Dios es viva y eficaz, y más cortante que toda espada de dos filos; y penetra hasta partir el alma y el espíritu, las coyunturas y los tuétanos, y discierne los pensamientos y las intenciones del corazón". La Palabra de Dios corta y penetra en su habilidad y poder para efectuar cambios para bien o para juicio.

El problema de hoy es que demasiados cristianos han perdido la fe en el poder de la espada, que sale de la boca de Jesús. No estoy diciendo que se le falte respeto a la Biblia. No es lo que quiero decir. Aunque solemos llevarla con nosotros o colocarla en un lugar especial de nuestra casa, a menudo la ignoramos. No tomamos en cuenta la autoridad de las palabras de la Biblia en nuestras vidas y decisiones.

Lo que Jesús quería que supieran los cristianos de Pérgamo es que su Palabra es la palabra final sobre todas las cosas. Es la espada de autoridad. Quería recordarles esta verdad antes de abordar el tema en cuestión:

> Pero tengo unas pocas cosas contra ti: que tienes ahí a los que retienen la doctrina de Balaam, que enseñaba a Balac a poner tropiezo ante los hijos de Israel, a comer de cosas sacrificadas a los ídolos, y a cometer fornicación. Y también tienes a los que retienen la doctrina de los nicolaítas, la que yo aborrezco (Apocalipsis 2:14-15).

Jesús expuso claramente el problema. Mientras la iglesia reclamaba a Jesús, ellos hacían concesiones y, aunque decían que eran cristianos, toleraban las concesiones de los nicolaítas, una secta cristiana claramente herética. Toleraban las concesiones de otros. El problema con esta iglesia era la falta de convicción. La convicción lleva al compromiso, pero la falta de compromiso lleva a hacer concesiones.

Veamos lo que debemos saber sobre la falta de compromiso, la malinterpretación y el mal uso de la gracia, y el costo de hacer concesiones.

LA FALTA DE COMPROMISO

En los capítulos 22 al 24 de Números, vemos que Israel seguía conquistando la tierra que Dios les había dado, y Balac, el rey de Moab, estaba asustado por lo grande y poderoso que se había vuelto ese pueblo. Tenía que hacer algo para frenarlos, de modo que se puso en contacto con un profeta llamado Balaam y le pagó para que pronunciara una maldición sobre ellos como si viniera de Dios mismo.

A Balaam no le importó lucrar como profeta, así que tomó el dinero, se montó en su asna y se puso en camino. Fue entonces cuando el ángel del Señor se paró delante de su asna. Puesto que los animales son criaturas sensibles, el asna comenzó a retroceder. Balaam no vio al ángel, así que pensó que el asna estaba siendo terca y la azotó para que avanzara.

Esto ocurrió unas cuantas veces a lo largo del camino, una de las cuales inmovilizó la pierna de Balaam contra una pared cuando el asna se pegó a esta para evitar al ángel. Finalmente, el asna se cansó de que la azotara y, según Números 22:28, se volvió hacia Balaam y le dijo: "¿Qué te he hecho, que me has azotado estas tres veces?".

No sé qué me sorprende más: que un asna hablara con un profeta o que el profeta le respondiera, pero en el versículo 29 leemos la respuesta de Balaam: "Porque te has burlado de mí. ¡Ojalá tuviera espada en mi mano, que ahora te mataría!".

Obviamente, los dos estaban muy metidos en el asunto, ya que la conversación se intensificó en el versículo 30: "Y el asna dijo a Balaam: ¿No soy yo tu asna? Sobre mí has cabalgado desde que tú me tienes hasta este día; ¿he acostumbrado hacerlo así contigo? Y él respondió: No".

Me hubiera encantado ver la expresión de Dios al presenciar todo este diálogo entre Balaam y su asna, pero sabemos que no aguantó más y en el versículo 31 leemos: "Entonces Jehová abrió los ojos de Balaam, y vio al ángel de Jehová que estaba en el camino, y tenía su espada desnuda en su mano. Y Balaam hizo reverencia, y se inclinó sobre su rostro". Dios advirtió a Balaam de no maldecir a los israelitas, porque eran el pueblo de Dios. De modo que tuvo que volver a Balac y decirle que no podía hacerlo.

Balac sabía que el carácter de Dios no toleraba que se hicieran concesiones, y también sabía que los israelitas enfrentarían las consecuencias de Dios si lo hacían. Así que estaba tratando de que el pueblo se comportara de tal manera que atrajera la ira de Dios sobre sí mismo y básicamente provocara su propia maldición a través de sus acciones. En Apocalipsis 2:14, Jesús recuerda a la iglesia de Pérgamo que Balac, a través de las enseñanzas de Balaam, "[puso]tropiezo ante los hijos de Israel" al atraerlos al pecado, incluido el de idolatría. Y cayeron en la trampa.

Ahora bien, años más tarde, la iglesia de Pérgamo estaba haciendo las mismas concesiones. Se aferraban a las enseñanzas de los nicolaítas, que usaban la gracia como una licencia para pecar y transigir con la idolatría y la inmoralidad (Hechos 15:28-29). Aún más, aquellos que no estaban haciendo concesiones toleraban a los que lo hacían y, como resultado, la iglesia estaba infectada de ese tipo de concesiones. Estaban haciendo concesiones con las normas, la moral e incluso las deidades.

Para decirlo de otra manera, malinterpretaron la gracia.

MALINTERPRETACIÓN Y ABUSO DE LA GRACIA

Una de las palabras más importantes del lenguaje cristiano es la *gracia*, que significa el favor inmerecido de Dios. Es todo lo que Dios ha hecho por nosotros independientemente de nosotros mismos. Sin embargo, la gracia no implica una licencia para pecar. No somos libres para pecar debido a la gracia; eso sería un mal uso de la gracia. Como afirma Pablo en Romanos 6:1, "¿Qué, pues, diremos? ¿Perseveraremos en el pecado para que la gracia abunde?". Dicho de otra manera, podría ser: "¿Pecaremos más porque sabemos que Dios nos perdona?". En ese sentido, la gracia se convierte en una excusa para pecar, pero eso es una malinterpretación de la gracia y un mal uso de la palabra.

**La gracia no libera a una persona *para* pecar;
la gracia libera a una persona *del* pecado.**

La gracia no libera a una persona *para* pecar; la gracia libera a una persona *del* pecado. Y la gracia nos enseña a negar la impiedad como se explica en Tito 2:

> Porque la gracia de Dios se ha manifestado para salvación a todos los hombres, enseñándonos que, renunciando a la impiedad y a los deseos mundanos, vivamos en este siglo sobria, justa y piadosamente, aguardando la esperanza bienaventurada y la manifestación gloriosa de nuestro

> gran Dios y Salvador Jesucristo, quien se dio a sí mismo por nosotros para redimirnos de toda iniquidad y purificar para sí un pueblo propio, celoso de buenas obras (vv. 11-14).

La gracia de Dios viene a ayudarnos a no caer en concesiones, no a hacernos sentir cómodos en nuestro pecado. Cuando alguien usa la gracia como una excusa para pecar, o bien no entendió qué es la gracia, o bien no la usó correctamente. La iglesia de Pérgamo estaba permitiendo que los nicolaítas los hicieran sentir cómodos al hacer concesiones, pero esa es una postura peligrosa, que puede producir resultados peligrosos. Si un conductor zigzagueara por toda la carretera, ¿dejarías que se sintiera cómodo al poner en riesgo a los demás? No. Tocarías la bocina del auto o incluso llamarías a la policía porque la licencia que se toma de no obedecer las leyes de circulación no solo pone en peligro a esa persona, sino también a los demás.

EL COSTO DE HACER CONCESIONES

El pecado pone a la persona que lo comete y a los demás en el peligro de sufrir las consecuencias que el pecado produce. Entre los círculos cristianos existe la falsa creencia de que no debemos juzgar ni denunciar el pecado, pero eso no es exacto. No debemos juzgar a las *personas*, ni las *preferencias personales* (Romanos 14:1-12), pero debemos juzgar los principios que no están basados en la Palabra de Dios conforme a su Palabra. Se debe amar al pecador, pero odiar el pecado. Amar no implica permitir que alguien continúe en su propia autodestrucción, sino buscar compasiva y debidamente el bienestar del otro.

Muchos asisten a la iglesia para juntarse con aquellos que piensan igual y sentirse espiritualmente cómodos. Sin embargo, una de las tareas de la iglesia es ofrecer una atmósfera de comodidad espiritual, y otra es ofrecer un lugar amoroso para la corrección espiritual. Se necesitan ambas cosas para crecer en la gracia de Dios y vivir conforme a sus principios. La iglesia debe presentar la Palabra de Dios a sus miembros, aun cuando no vivan conforme a su Palabra.

Como mencionamos anteriormente, la Palabra de Dios es como una espada y, por lo que sé, la espada corta. Debemos dar lugar a que la Palabra de Dios corte y penetre las mentiras y el engaño de este mundo para producir una vida recta y valores del reino en los seguidores de Cristo.

Negarse a hacer concesiones puede costarte dinero si vives en una cultura que lo adopta como norma. Puede costarte relaciones. Puede costarte una buena posición social que te otorgue notoriedad en tu entorno. De hecho, puede costarte la vida, como vimos que le sucedió a un hombre llamado Antipas. Pero Dios nos llama a una vida sin concesiones. Nos llama a una vida de compromiso basada en la convicción y fundada en las verdades de su Palabra.

Dios nos llama a una vida sin concesiones... basada en la convicción y fundada en las verdades de su Palabra.

No puedes ser como el cazador que se cruzó con un oso. La bestia, levantando su pata, le dijo:

—Espera un momento. ¿Por qué quieres dispararme?

—Porque tengo frío y quiero un abrigo de piel.

—Pues mira. Antes de dispararme, ¿podemos negociar? Comamos juntos primero. Tú tienes frío. Yo tengo hambre. Así que hagamos una pausa y hablemos de esto.

Puedes imaginarte cómo resultó aquel encuentro después que el cazador aceptara esa propuesta. Y puedo asegurarte que el oso ya no tuvo hambre. Del mismo modo, Satanás a menudo buscará negociar contigo cuando se trata de vivir para Jesucristo. El diablo busca la manera de llevarte a hacer concesiones, porque quiere comerte para la cena, y tus concesiones es la manera más segura de convertirte en su próxima comida.

Dios no quiere un poco de su Palabra y un poco del mundo mezclados en algo apetitoso para tu estilo de vida. Eso es como poner una cucharada de veneno en una olla de sopa. Tú no harías la concesión de permitir veneno en tu sopa y la comerías de todos modos. Dios tampoco quiere que cedas a la visión del mundo y los valores de Satanás en tus elecciones de vida.

En los últimos tiempos estamos viendo cómo más y más iglesias están haciendo concesiones para complacer al mundo. Están permitiendo el matrimonio entre personas del mismo sexo. Están adoptando el movimiento transgénero. Están poniendo en peligro la santidad de la vida con el aborto. Están haciendo concesiones con una miríada de claras normas bíblicas, que Dios ha establecido, como si estuvieran abiertas a negociación.

Sin embargo, la Palabra de Dios no está abierta a negociación. No debe haber negociación cuando Dios ha hablado claramente sobre un tema. De hecho, cada pregunta tiene solo dos respuestas: la respuesta de Dios a través de su Palabra y la de todos los demás. Y cuando todos los demás no están de acuerdo con Dios, todos los demás están equivocados. Dios ha hablado, no ha tartamudeado.

La iglesia de Pérgamo fue reprendida por hacer concesiones. A pesar de sus esfuerzos para servir a Dios. A pesar de su obediencia en otras áreas. A pesar de sus sacrificios y compromisos personales. Es como el veneno en la olla de sopa. Uno no come la sopa si le han echado una cucharada de veneno. Jesús quería que supieran que necesitaban deshacerse del veneno. Necesitaban dejar de hacer concesiones.

LA NECESIDAD DE ARREPENTIRSE

En Apocalipsis 2:16, Jesús le dijo a la iglesia de Pérgamo: "Por tanto, arrepiéntete; pues si no, vendré a ti pronto, y pelearé contra ellos con la espada de mi boca". La iglesia estaba recibiendo la advertencia de que vendría la guerra contra los nicolaítas si no dejaban de enseñar falsas doctrinas. Estaban siendo llamados a abandonar su postura transigente con ellos y pedirles cuentas de sus acciones. Si de alguna manera se preocupaban por los nicolaítas, querrían librarlos del juicio que estaba a punto de caer sobre ellos.

Este es un escenario interesante. La guerra sería contra los nicolaítas, no contra los miembros de la iglesia. En cambio, se les estaba advirtiendo que, si no se arrepentían de hacer concesiones y no pedían cuentas a sus supuestos amigos, sería entonces cuando se desataría la guerra. Y cuando la guerra se desata, todo el mundo se ve afectado. Jesús les dijo que se ocuparan de ello, o lo haría Él. Debían arrepentirse de tolerar un comportamiento malsano y tóxico. Debían arrepentirse de aceptar las concesiones que hacían otros. Debían arrepentirse de vivir como facilitadores.

Luego, en el versículo 17, el mensaje de Jesús continúa diciendo: "El que tiene oído, oiga lo que el Espíritu dice a las iglesias. Al que venciere, daré a comer del maná escondido, y le daré una piedrecita blanca, y en la piedrecita escrito un nombre nuevo, el cual ninguno conoce sino aquel que lo recibe".

NO TE PIERDAS EL MANÁ

El pueblo que venciera la tentación de hacer concesiones o tolerarla en otros y, en cambio, obrara por convicción divina iba a recibir el maná escondido. El maná era un alimento, hasta entonces desconocido, que Dios había enviado a los israelitas durante sus años en el desierto. Sustentaba a todos los que lo consumían. La palabra traducida significa "¿Qué es?". Nadie lo sabía, pero ese suministro sobrenatural de Dios permitió a los israelitas sobrevivir a lo que de otro modo habría sido la muerte por inanición en el desierto. Una vez que se establecieron en la tierra fértil, debían recordar ese suministro de maná. Parte de él se guardó en el arca de la alianza para que sirviera de recordatorio de la provisión de Dios cuando no tuvieran nada que comer.

El maná oculto prometido a los que vencieran la tentación de hacer concesiones era la provisión invisible de Dios. Los israelitas en el desierto no sabían de dónde provenía el maná. Para ellos, venía del cielo. La fuente estaba oculta. Del mismo modo, cuando Dios interviene para suplir tus necesidades durante los momentos difíciles de tu vida, a menudo viene de un lugar que nunca sospecharías. Y las provisiones ocultas de Dios suelen aparecer justo cuando más las necesitamos.

Dios interviene para suplir tus necesidades durante los momentos difíciles de tu vida.

El problema es el siguiente: Si persistes en hacer concesiones en tu vida, Dios no enviará su provisión en tu vida como lo haría si fueras un fiel seguidor del reino. Las concesiones que haces en tu vida siempre cuestan algo. Puede que no sepas lo que te cuesta, pero siempre limita el suministro de Dios del maná escondido en tu vida y tus circunstancias. El maná escondido es para aquellos que están comprometidos a caminar con Dios y no excusan la continua pecaminosidad de aquellos que los rodean. Llaman al pecado por lo que es y, como resultado, reciben la provisión de Dios.

Si alguna vez has volado en un avión, sabes que los asistentes de vuelo a veces corren una cortina detrás de la sección delantera de primera clase y la ocultan del resto de los pasajeros de clase turista. La comida que allí sirven, no es para todos igual en el avión. Es una comida especial para pasajeros especiales que ahora están ocultos de todos los demás pasajeros. Del mismo modo, Dios ha escondido el maná que suministrará a aquellos que lo sirven fielmente y vencen la tentación a hacer concesiones o tolerarla en los demás.

Sin embargo, Él no te obligará a sentarte donde puedas recibir su provisión. Tú eliges sentarte en el área especial por tus elecciones y tu obediencia a Él. No es suficiente decir que crees en Jesús o ir a donde está su presencia o asistir a la iglesia. Jesús conoce tu corazón y sabe si estás comprometido o si haces concesiones, y si toleras que otras personas lo hagan.

Juan 2:23-25 nos muestra cómo ve Dios nuestros corazones:

> Estando [Jesús] en Jerusalén en la fiesta de la pascua, muchos creyeron en su nombre, viendo las señales que hacía. Pero Jesús mismo no se fiaba de ellos, porque conocía a todos, y no tenía necesidad de que nadie le diese testimonio del hombre, pues él sabía lo que había en el hombre.

Lo que Dios tiene hoy en la cultura cristiana son muchas personas salvas no comprometidas. Muchos cristianos dicen amar a Dios el domingo, pero luego hacen concesiones el domingo por la tarde. Aman a Dios cuando lo alaban en la iglesia, pero aman al mundo en sus actividades semanales. Estos son los creyentes que, si fueran acusados de ser cristianos, no proporcionarían suficiente evidencia para condenarlos. Estos cristianos hacen concesiones en su fe ya sea a través de acciones y palabras que no están de acuerdo con la Palabra de Dios o toleran a otros que lo hacen… o ambas cosas. Como resultado, renuncian a cualquier derecho u oportunidad de obtener el maná escondido de lo alto, se pierden la provisión de Dios cuando más la necesitan.

NO TE PIERDAS EL ACCESO ESPECIAL

No solo pierdes o recibes una recompensa limitada de la provisión cuando más la necesitas al hacer concesiones, sino que Dios dice que también te perderás algo más. No recibirás la piedra blanca con un nombre que nadie más conoce. Es un nombre secreto entre tú y Dios, que te abre puertas. Te permite entrar a lugares donde otros no pueden entrar. Como un distintivo VIP en una reunión especial, tu nombre escrito en una piedra blanca es tu acceso a una relación más profunda e íntima con Dios mismo. Vencer el pecado de hacer concesiones o de tolerarlo en otras personas te trae recompensas temporales y eternas. Recibes la provisión oculta de Dios cuando más la necesitas, y obtienes acceso a su santuario interior en virtud de un nombre secreto que Él te ha dado.

La iglesia de Pérgamo tenía mucho a su favor, pero su pecado de hacer concesiones y tolerarla en otros limitó su experiencia de la provisión y el favor divinos de Dios. Podemos aprender de su ejemplo y tomarnos en serio el llamado a un mayor nivel de compromiso en obedecer los preceptos de Dios en nuestra vida, así como a transmitir la verdad de la Palabra de Dios a los que nos rodean para que tampoco sigan haciendo concesiones.

Cuando llegues al cielo, millones de creyentes se arrodillarán alrededor del trono de Dios, y tú querrás que llamen tu nombre. Querrás que tu nombre este escrito en la piedra blanca. Sin embargo, para que eso suceda, necesitas mantener tu compromiso de seguir a Cristo de todo corazón y defender sus preceptos en todo momento y lugar.

PREGUNTAS DE REFLEXIÓN

1. Describe alguna ocasión en la que tus valores cristianos se hayan visto desafiados por la cultura o por la gente que te rodea. ¿Cómo respondiste? ¿Crees que deberías haber respondido de otra manera?

2. ¿Cómo nos ayuda el compromiso con nuestras convicciones a superar los retos que enfrentamos?

3. A veces nuestras convicciones pueden diferir de las de los demás. En 1 Corintios 10:28 leemos: "Mas si alguien os dijere: Esto fue sacrificado a los ídolos; no lo comáis, por causa de aquel que lo declaró, y por motivos de conciencia". Menciona cuál es la amonestación de Pablo respecto de nuestras libertades y convicciones cuando se cruzan con las de otras personas. ¿Qué ejemplos de esto podríamos encontrar hoy?

4. ¿Hay algún aspecto de tu vida en el que te sientas obligado a comprometerte más y a hacer menos concesiones? No es necesario dar detalles específicos, pero tómense un momento para hablar de esto si alguien quiere hacerlo, tal vez puedan orar al respecto.

5. Lee Proverbios 25:28: "Como ciudad derribada y sin muro es el hombre cuyo espíritu no tiene rienda".

   ¿Qué significa que tu espíritu no tiene rienda?

   ¿En qué áreas de tu vida sientes que debes tener el control de tu espíritu o más control del mismo?

¿De qué manera puedes ajustar tus pensamientos, actitudes y elecciones para tener un mejor control de tu espíritu?

6. Lee Hebreos 10:26: "Porque si pecáremos voluntariamente después de haber recibido el conocimiento de la verdad, ya no queda más sacrificio por los pecados".

   ¿Qué significa este versículo para ti?

7. ¿Hay algún área de tu vida en la que Dios te haya convencido de un pecado en particular, pero aún no le has respondido? ¿Estás dispuesto a responder ahora a la luz de esta verdad? Si lo deseas, escribe aquí tu respuesta en oración

5

VER EL PECADO COMO DIOS LO VE

LA IGLESIA DE TIATIRA

(Apocalipsis 2:18-29)

La oportunidad de progresar es una de las razones por las que vivir en los Estados Unidos es tan atractivo para personas de todo el mundo, a pesar de todos sus defectos y puntos débiles. La estructura de nuestra nación ofrece a todo el mundo la oportunidad de tener una idea y, dentro de los límites adecuados, maximizarla para progresar.

Este es el resultado de formar parte de una democracia basada en el capitalismo, donde uno puede utilizar su propio ingenio y esforzarse por triunfar en los negocios. Por eso vivimos en un entorno continuamente competitivo. Si a alguien se le ocurre una idea similar a la tuya, pero mejor, y la orienta de forma más estratégica, debes mejorar lo que ofreces o te hundirás. Por lo tanto, este entorno obliga tanto a empresas como a particulares a adoptar una mentalidad de progreso.

La tolerancia cero (cuando hay poco o ningún margen de error) es una de las normas que muchas empresas han adoptado debido a esta mentalidad. Hace años existía la preocupación de que los vehículos fabricados en el extranjero pudieran venderse más que los fabricados en Estados Unidos porque muchas de esas empresas hacían hincapié en la tolerancia cero de sus diseños, fabricación, producción y rendimiento, hecho que podía producir un cambio en las compras de los consumidores. Así que los fabricantes de automóviles estadounidenses empezaron a elevar sus normas para ser más competitivos. De lo contrario, no obtendrían el rendimiento deseado. Si lo que ofrecían no cumplía las normas, los consumidores podían ir a comprar a otro lugar.

¿No es igualmente cierto que nuestras normas deberían maximizar nuestro potencial como cristianos? ¿No deberíamos entender que un Dios perfecto no está satisfecho cuando no le ofrecemos lo mejor de nosotros como creyentes? ¿No deberían ser también nuestras las normas de Dios?

Tolerancia cero significa precisamente eso: tolerancia cero. Aceptamos esta realidad en muchas áreas de nuestras vidas. Supongamos que alguien tomara un examen de aritmética que preguntara cuánto es uno más uno y respondiera "tres". El profesor marcaría esa respuesta como incorrecta. ¿Y si el alumno dijera: "Pero al menos estuve cerca"? No importaría, porque el profesor tendría tolerancia cero con los errores en los exámenes.

Tolerancia cero significa precisamente eso: tolerancia cero.

O qué pasaría si un jugador de baloncesto lanzara al aro y el talón de su zapatilla estuviera sobre la línea divisoria. Aunque su tiro hubiera ganado el partido, ¿qué dictaminaría el árbitro, a pesar de que solo una pequeña parte del calzado del jugador hubiera cruzado la línea? El árbitro tendría tolerancia cero con ese error.

Lo explicaré de otra manera para aquellos a los que no les gustan las matemáticas o el baloncesto, pero sí volar. ¿Qué pasaría si el piloto dijera por el sistema de altavoces: "Bueno, amigos, parece que hay una fuga de combustible en uno de sus conductos, pero no en todos, así que estamos listos para partir"? Tú y el resto de los pasajeros se dirigirían a la salida antes que el piloto tuviera siquiera la oportunidad de rodar por la pista de despegue. Imagino que tendrías una mentalidad de tolerancia cero cuando se trata de fugas de combustible en los conductos de los aviones.

Si lo pensamos bien, funcionamos con una mentalidad de tolerancia cero más a menudo de lo que creemos. Y si esto sucede en los negocios, los exámenes, el baloncesto y los vuelos, ¿por qué cuestionamos la tolerancia cero cuando se trata de Dios? ¿Es que Él espera menos de ti, de mí y de su Iglesia?

No. Sin embargo, con demasiada frecuencia cuestionamos la opinión y la postura de Dios con respecto al pecado.

NUESTRA MENTALIDAD HACIA EL PECADO

Cuando Jesús envía su siguiente mensaje a la iglesia de Tiatira, quiere que sepan que, para vivir como vencedores tanto en la tierra como por la eternidad, necesitan tener una mentalidad de tolerancia cero al pecado. Nunca deberían conformarse con sus propios pecados o el pecado de otros. Afirmaciones como "los chicos son chicos" o "soy humano" no se aceptan como excusa. Y aunque hay una pizca de verdad en tales afirmaciones, reflejan un espíritu tolerante que el Señor no quiere que tengamos.

Demasiados de nosotros vivimos hoy como víctimas y no como vencedores. Y una de las razones principales es que toleramos demasiado lo que no refleja los valores del reino de Dios, ni en nosotros mismos ni en los demás.

Estoy seguro de que tienes algunas expectativas inamovibles. Tal vez las llames límites, que tienen que ver con cómo quieres que te traten los demás. Nadie cuestiona el propósito y la sabiduría de los límites personales, ya sea en nuestro equilibrio trabajo-vida, nuestras relaciones o incluso lo que elegimos ver como entretenimiento. Estos límites existen para proporcionarnos el entorno más óptimo para prosperar.

Demasiados de nosotros vivimos hoy como víctimas y no como vencedores.

Necesitamos tener en cuenta los límites mientras examinamos esta próxima iglesia, porque Dios también tiene límites, y no tolerará que nadie los traspase deliberadamente.

LO QUE ENFRENTABA LA IGLESIA DE TIATIRA

En Apocalipsis 2:18, que señala: "El Hijo de Dios, el que tiene ojos como llama de fuego, y pies semejantes al bronce bruñido", Jesús una vez más se presenta conforme a su poder y su fuerza. Sus ojos son como llamas de fuego, y sus pies son poderosos como el bronce bruñido. Con esta imagen sabemos que estamos oyendo a Alguien que lo ve todo y con su mirada puede llegar hasta lo más profundo de todo ser. Alguien que es fuerte, firme en sus cimientos e inquebrantable.

Veamos cómo era Tiatira.

Esta ciudad estaba localizada a 55 km al suroeste de Pérgamo. Era conocida por la protección, promoción y beneficios ofrecidos a las personas que compartían una ocupación o empresa similar a través de lo que se llamaban gremios. Eran similares a un sindicato de trabajadores del acero o un sindicato de maestros de hoy día.

Y en medio de estos prósperos gremios, habían plantado una iglesia, tal como se nos describe en el libro de los Hechos. Tuvo un comienzo interesante en el que Pablo predicó a la población de la ciudad, y una mujer fue una de las primeras en responder: "Entonces una mujer llamada Lidia, vendedora de púrpura, de la ciudad de Tiatira, que adoraba a Dios, estaba oyendo; y el Señor abrió el corazón de ella para que estuviese atenta a lo que Pablo decía" (Hechos 16:14). De esto podemos deducir que Lidia pudo haber sido una exitosa mujer de negocios. La ropa púrpura formaba parte de la oferta de alta costura para los compradores de las afueras de la ciudad, y Lidia era una distribuidora de estas elegantes prendas. Era una mujer trabajadora, y las enseñanzas de Pablo le parecían intrigantes.

De la conversión de Lidia y de su entusiasmo por la Palabra de Dios surgió una bulliciosa iglesia en una ciudad aún más bulliciosa. Tiatira era una sociedad trabajadora, pero también una sociedad fiestera. Muchos de los gremios tenían el tono y el carácter de una hermandad o confraternidad. Existían para los derechos y el reconocimiento de los trabajadores, pero también para la comunidad. Los compañeros de trabajo se convertían rápidamente en los compañeros para salir de fiesta.

Los problemas aparecieron cuando se esperaba que los cristianos de esta nueva iglesia en Tiatira siguieran de fiesta con sus compañeros de trabajo. No es que salir de fiesta fuera malo en sí mismo, pero lo que ocurría en esas fiestas a menudo iba en contra de sus valores en la fe cristiana. Esto creó una crisis de fe para muchos de los cristianos de aquella ciudad. Enfrentaron un dilema. ¿Debían seguir la corriente? ¿O debían defender sus creencias y arriesgarse a ser excluidos o incluso condenados al ostracismo?

Sin embargo, a pesar de todas estas presiones, Jesús elogia su comportamiento en muchos aspectos: "Yo conozco tus obras, y amor, y fe, y servicio, y tu paciencia, y que tus obras postreras son más que las primeras" (v. 19).

Reconoce su amor, su fe, su servicio y su perseverancia. Evidentemente, eran una congregación que quería hacer lo correcto, y buscaban crecer y desarrollarse e incluso alcanzar a otros con las buenas nuevas de Jesucristo. Sin embargo, incluso con todo lo que tenían a su favor, en cierta manera, habían fallado.

JEZABEL

En los versículos siguientes, Jesús dice a la iglesia:

> Pero tengo unas pocas cosas contra ti: que toleras que esa mujer Jezabel, que se dice profetisa, enseñe y seduzca a mis siervos a fornicar y a comer cosas sacrificadas a los ídolos. Y le he dado tiempo para que se arrepienta, pero no quiere arrepentirse de su fornicación. He aquí, yo la arrojo en cama, y en gran tribulación a los que con ella adulteran, si no se arrepienten de las obras de ella. Y a sus hijos heriré de muerte, y todas las iglesias sabrán que yo soy el que escudriña la mente y el corazón; y os daré a cada uno según vuestras obras (vv. 20-23).

La Jezabel original ya estaba muerta, como se relata en 2 Reyes 9:33-37, pero como puedes ver, no se debe tolerar a ninguna "Jezabel". No es alguien para tomar a la ligera. No se deben aceptar ninguna de sus enseñanzas. Y aunque los miembros de la iglesia de Tiatira estaban haciendo muchas cosas buenas, tolerar a la Jezabel que estaba entre ellos anulaba todo lo bueno. Puede que no estuvieran participando en las prácticas que ella promovía, pero el simple hecho de aceptar su enseñanza de esas prácticas y no llamarle la debida atención fue suficiente para quebrantar las normas de Dios.

Esta Jezabel iba por ahí diciendo a las personas, como si viniera de Dios, que vivieran de una manera que contradecía la voluntad revelada de Dios. Les decía que en realidad estaba bien hacer esas cosas. Y puesto que públicamente asociaba su enseñanza a la autoridad de Dios, hacía que su doctrina pareciera espiritual. La camuflaba de enseñanzas cristianas. Parecía santa. (Es probable que hubiera tenido varios libros *best seller* y muchos seguidores en las redes sociales).

Sin embargo, en lugar de denunciarla por las falsedades que estaba difundiendo en nombre de Dios, la iglesia de Tiatira se limitó a mirar hacia otro lado. Se escondieron detrás de la mentalidad de: *No es de mi incumbencia* y *¿Quién soy yo para juzgar?* Y mientras tanto, sus falsas enseñanzas se fueron extendiendo cada vez más en la cultura y alejando a más y más personas de Dios y su verdad. Jezabel era como los líderes de las sectas de David Koresh en la década de 1990 y Jim Jones en la de 1970, que usaron el nombre de Dios para llevar a la gente al pecado.

El fracaso de la iglesia de Tiatira para condenar públicamente esta falsa enseñanza y señalar lo que contradecía la verdad fue lo que hizo que se los amonestara y confrontara, y se les dijera que era su deber levantarse en contra de los falsos maestros y la falsa enseñanza hecha en nombre de Dios. Se les recordó que vivir secretamente como cristiano no es como se debe vivir la vida cristiana. Debes tener clara tu posición si quieres ser un seguidor de Jesucristo. Debes tener una mentalidad correcta hacia el pecado, de tal manera que sea un reflejo de la tolerancia cero de Dios.

Debes tener una mentalidad correcta hacia el pecado, de tal manera que sea un reflejo de la tolerancia cero de Dios.

La historia del nombre Jezabel y todo lo que significa se remonta a 1 Reyes, capítulos 16 y 17. Jezabel estaba casada con Acab, el rey de Israel, lo cual la convertía en reina. Además, era hija de un rey y conocida por adorar a Baal, el dios de la fertilidad y el dios de los paganos, y había llevado a su marido también a adorar a Baal. Era una persona astuta y de carácter fuerte que manipulaba a su marido para que hiciera concesiones. Y puesto que él transigió, todo Israel fue arrastrado a un estilo de vida de transigencias también.

Jezabel tenía una influencia tan poderosa, que incluso amenazó a Elías, el profeta de Dios. Le dijo que tenía ochocientos cincuenta profetas y que, si seguía persistiendo en lo que hacía, lo mataría.

Básicamente, hizo saber a Elías que ella era quien mandaba. Su marido tenía el título, y ella tenía el poder.

Dado que esta iglesia toleraba a una Jezabel en medio de ellos, estaban permitiendo que un agente de poder abominable engañara a las personas que recién venían a Cristo. Estaban permitiendo el debilitamiento de las normas de Dios y la tergiversación de su verdad. Hasta el día de hoy, mencionar una enseñanza de Jezabel es una referencia a esta mezcla de doble moral de religión y gobierno. Sin embargo, los cristianos no deben ser tolerantes con el pecado cuando se trata de la Palabra de Dios y sus normas establecidas en ella.

No obstante, demasiadas iglesias y creyentes hoy se han vuelto tolerantes en nuestra cultura contemporánea, que es similar a la de Tiatira, en busca de ser populares, llenar los bancos de la iglesia o hacer que las personas se sientan cómodas con sus criterios pecaminosos. La tolerancia se ha convertido en una virtud cardinal en un esfuerzo de aumentar el número de miembros de la iglesia, obtener apoyo financiero o hacer crecer una presencia en línea con una amplia base de seguidores. Sin embargo, Dios dice que la tolerancia de cualquier tipo de pecado es inaceptable. Y lo que es inaceptable para Dios en cuanto a comportamientos o pecados debería ser inaceptable para todos los que afirman ser sus seguidores.

NUESTRO RETO HOY

Vivimos en una época cuando se están rebajando constantemente las normas de Dios. Eso no quiere decir que ninguno de nosotros sea perfecto o viva rectamente, pero tolerar el pecado es permitirlo tanto en nuestra vida como en la de los demás.

Cuando estás enfermo, no te limitas a tolerar los síntomas, sino que buscas una solución, una cura. Si la enfermedad se agrava o incluso pone en peligro tu vida, acudes a la sala de emergencias de un hospital. Si me hubiera resignado a tolerar la neumonía que desarrollé durante la pandemia de COVID-19, probablemente ahora no estaría escribiendo este libro. Tolerar lo que está mal en nuestro cuerpo solo conduce a mayores problemas en el futuro. Del mismo modo, tolerar lo que está mal espiritualmente en nuestras vidas (y en nuestra cultura) solo conduce a un mayor colapso espiritual y al caos.

Tolerar lo que está mal espiritualmente en nuestras vidas (y en nuestra cultura) solo conduce a un mayor colapso espiritual y al caos.

¿Qué pasaría si te llevaran a una sala de cirugías con instrumentos que parecieran sucios? ¿Te sentirías seguro de que te operen? ¿Estarías dispuesto a tolerar esos gérmenes? Nadie debería tener que tolerar eso, porque una vez que te abren, la exposición a los más mínimos gérmenes podría resultar mortal. Por eso los centros médicos tienen sistemas muy elaborados para esterilizar no solo el material, sino también los quirófanos. No se toleran los gérmenes. Eso no convierte a los médicos y enfermeras en mezquinos e *intolerantes*, término generalmente peyorativo y sentencioso. Los hace sabios y capaces de ayudarte a sanar para que puedas vivir mejor.

Se supone que la Iglesia de Jesucristo debe actuar como un hospital donde las personas espiritualmente enfermas puedan encontrar sanidad para sus heridas del alma y sus emociones. No debemos ser un hospicio donde simplemente hagamos que la gente se sienta cómoda mientras se muere. Sin embargo, se ha convertido en la norma que las iglesias solo quieran que las personas se sientan cómodas mientras continúan con un comportamiento nocivo y pecaminoso. Quieren que se sientan bien por un momento en lugar de sanarlos para siempre.

No obstante, tolerar la distorsión de la verdad de Dios en cualquiera de sus formas conduce a la destrucción de la iglesia, y una enseñanza idólatra de Jezabel tiene consecuencias. Aquellos que siguen hoy a Jezabel cosecharán las consecuencias de sus propias decisiones. Satanás sabe esto. Por eso ha colocado estratégicamente a algunas Jezabel en tantas iglesias para que sutilmente lleven a las personas por el mal camino. Jezabel no solo apareció en Tiatira, sino que está muy presente incluso ahora en las iglesias de todo nuestro país, así como de todo el mundo.

Ten en cuenta que las enseñanzas engañosas de esta Jezabel no provenían de un corazón ingenuo. Como vimos en Apocalipsis 2:21, Dios le había dado una oportunidad: "Y le he dado tiempo para que se arrepienta, pero no quiere arrepentirse de su fornicación". El pecado es malo, pero no querer arrepentirse es aún peor, porque ahora la persona ha dado lugar a la rebelión en su vida. La rebelión es un escenario totalmente distinto al pecado en sí mismo. La rebelión es un compromiso con el pecado. Jezabel no estaba luchando para vencer algo que se había afianzado en su vida; ella era una rebelde y estaba influenciando a otros a vivir como rebeldes también. Y no se la estaba confrontando por eso.

Ahora bien, ¿cómo hacemos para vivir esta actitud correcta hacia el pecado que refleje la de Dios?

Denunciemos bíblicamente el pecado manifiesto

Como mencioné antes, no se debe juzgar al pecador, solo el pecado, pero a menudo se confunden las dos cosas y no se hace ni lo uno ni lo otro. Es legítimo denunciar el pecado manifiesto en la vida de una persona, aunque se debe hacer de manera bíblica, amorosa y responsable. Las acciones de cada persona deben resistir el escrutinio de las normas de Dios, porque si no lo hacen y permanecen en el pecado, Dios desatará su ira sobre su vida. Señalar el pecado es un acto de amor cuando se hace de una manera que pueda ayudar a la persona a ser libre de él.

Romanos 11:22 nos recuerda que Dios no es solo un Dios de todo paz y amor. Es un Dios bondadoso, pero también severo. En este versículo Pablo dice: "Mira, pues, la bondad y la severidad de Dios;

la severidad ciertamente para con los que cayeron, pero la bondad para contigo, si permaneces en esa bondad; pues de otra manera tú también serás cortado".

Dios tiene dos caras: una de amor y bendición, y otra de ira y severidad. Desdichadamente, la mayoría de las personas solo quieren la cara de amor de Dios. Solo quieren la cara de bendición de Dios, pero Dios es también un Dios de ira y severidad. Y repito, una de las cosas más amorosas que puedes hacer por alguien es señalar su pecado para ayudarle a evitar las consecuencias de ese pecado. La verdad y el amor deben ir juntos mientras sirves a Dios como discípulo de su reino. No puedes renunciar a la verdad por amor, pero tampoco puedes renunciar al amor por la verdad. Tienes que sostener ambas cosas simultáneamente, porque eso refleja la norma de Dios.

Abordemos la rebelión personal o suframos las consecuencias

Tolerar la rebelión de otros, especialmente cuando se está enseñando tal rebelión como una verdad de Dios, es degradar las normas de Dios. Es participar en el preludio de las consecuencias del pecado, pero como vimos en el mensaje de Jesús, la rebelión personal trae consecuencias personales. Las consecuencias que esta Jezabel estaba trayendo sobre sí misma serían severas: caería en un lecho de enfermedad y atravesaría un tiempo de gran tribulación.

He aquí una descripción gráfica de la muerte de la Jezabel original en 2 Reyes 9:33-37:

> Y él [el profeta Jehú] les dijo: Echadla abajo. Y ellos la echaron; y parte de su sangre salpicó en la pared, y en los caballos; y él la atropelló. Entró luego, y después que comió y bebió, dijo: Id ahora a ver a aquella maldita, y sepultadla, pues es hija de rey. Pero cuando fueron para sepultarla, no hallaron de ella más que la calavera, y los

> pies, y las palmas de las manos. Y volvieron, y se lo dijeron. Y él dijo: Esta es la palabra de Dios, la cual él habló por medio de su siervo Elías tisbita, diciendo: En la heredad de Jezreel comerán los perros las carnes de Jezabel, y el cuerpo de Jezabel será como estiércol sobre la faz de la tierra en la heredad de Jezreel, de manera que nadie pueda decir: Esta es Jezabel.

"¡Cómo han caído los valientes!" adquiere un significado totalmente nuevo cuando se trata de Jezabel. Dios no toleró su abierta rebelión ni que usara esa rebelión para descarriar a otros. Ser devorada por los perros era una desgracia. Sin embargo, eso es lo que Dios permitió para la mujer que abiertamente lo desobedeció y enseñó a otros a desobedecer y deshonrar sus reglas. Y permitiría consecuencias similares para la Jezabel en Tiatira. Además, las consecuencias no terminarían con ella. Jesús dijo que sus hijos también sufrirían como resultado de su rebelión.

Adoptemos una postura firme

En otros tiempos, se respaldaban o al menos se toleraban los valores bíblicos en nuestra cultura norteamericana, pero hoy día se deshonran muchos valores bíblicos. No solo se los rechaza, sino que se hace alarde de ese rechazo en toda la industria del entretenimiento y en nuestra cultura misma. La oposición a Cristo y a los valores de su reino se ha convertido en un rechazo abiertamente público en toda una serie de ámbitos. De modo que, en varios sentidos, somos similares a la iglesia de Tiatira. Tenemos creyentes que son perseverantes y muestran amor y fidelidad, pero muy pocos confrontan la rebelión espiritual abierta y descarada que tiene lugar en toda nuestra tierra, sociedad, escuelas, iglesias, comunidades e industrias del entretenimiento.

Los que pertenecemos al reino de Dios debemos sostener y defender sus normas. Si nos distanciamos de la cultura y nos mantenemos en sintonía con Cristo, la cultura no tendrá ninguna influencia. Somos los defensores de la norma para el matrimonio, la cultura, las relaciones, la integridad, la gracia, y más. Si no hacemos esto, no somos mejores que la iglesia de Tiatira. Estamos tolerando a las Jezabel de nuestro medio, y el mensaje para aquellos que toleran la falsa enseñanza es duro. Tal como Jezabel y sus hijos sufrieron por su rebeldía, así sufrirán los que toleren el pecado y la rebelión entre ellos.

NUESTRA RECOMPENSA

Sin embargo, Dios tenía otro mensaje para la iglesia de Tiatira, esta vez para aquellos que no cedieron a la tentación de tolerar la rebelión, el comportamiento inmoral y las falsas enseñanzas en nombre de Dios. Lo leemos en los versículos 24-25: "Pero a vosotros y a los demás que están en Tiatira, a cuantos no tienen esa doctrina, y no han conocido lo que ellos llaman las profundidades de Satanás, yo os digo: No os impondré otra carga; pero lo que tenéis, retenedlo hasta que yo venga".

Esto plantea una pregunta: ¿Cuáles son las profundidades de Satanás? Para empezar, cualquier invitación a desobedecer a Dios. Todos nos enfrentamos a eso. Y todos hemos cedido a esa invitación en algún momento u otro. Siempre que hemos desobedecido a Dios en nuestros pensamientos, palabras y acciones, hemos obedecido a Satanás. Pero, las "profundidades" de Satanás van más allá que eso. Es cuando te rebelas que comienzas a decir que lo malo es bueno y lo bueno es malo (Isaías 5:20). No solo pecas, sino que te sumerges en el fondo del pozo de Satanás y te juntas con él. Haces tuya su casa y tratas de influenciar a otros para que hagan lo mismo. Cuando esto ocurre, estás viviendo como una Jezabel.

No obstante, para aquellos que no aceptan la enseñanza de las profundidades de Satanás (aquellos que no dicen que lo malo es bueno y lo bueno es malo) el mensaje es claro. No les impondrá ninguna otra carga. No soportarán más carga. En esencia, los mandamientos de Dios ya no serán una carga para ellos. Y, si este es tu caso, serás libre para vivir la vida cristiana con la tranquilidad de su presencia. Como leemos en 1 Juan 5:3, "Pues este es el amor a Dios, que guardemos sus mandamientos; y sus mandamientos no son gravosos". Debido al amor de Dios presente en ti cuando defiendes su verdad, sus mandamientos no serán una carga para ti. Cuando Dios está de tu lado, Él te ayudará de maneras que nunca imaginaste posibles.

Por eso, a los miembros de la iglesia de Tiatira se les dice que "retengan" lo que ya tienen hasta que Cristo venga. Deben animarse y saber que, aunque enfrenten dificultades en el trabajo, la comunidad o sus relaciones por no tolerar lo que hacen los gremios o los valores de los líderes sociales o las enseñanzas de su Jezabel, Dios se revelará a ellos cuando más lo necesiten. Y no solo se revelará a ellos, sino que les traerá una recompensa.

El mensaje a esta iglesia plantada en medio de una cultura difícil concluye con las siguientes promesas:

> Al que venciere y guardare mis obras hasta el fin, yo le daré autoridad sobre las naciones, y las regirá con vara de hierro, y serán quebradas como vaso de alfarero; como yo también la he recibido de mi Padre; y le daré la estrella de la mañana (vv. 26-28).

Jesús dice a la iglesia que recibirán ayuda en el aquí y ahora, pero esto también: Si guardan sus obras hasta el fin y se mantienen fieles en defender las normas de Dios en la sociedad y contra los falsos maestros de la fe, también obtendrán una recompensa tanto en esta vida como en la venidera.

Recibirán la capacidad de gobernar con Dios, junto con el don de la estrella de la mañana. Eso significa que cuando elijan tomar una postura firme con amor y bondad, pero también con transparencia,

Dios los levantará en su autoridad espiritual, los fortalecerá en su vida espiritual y los guiará con la luz de la estrella de la mañana.

Esta es una experiencia íntima y única con Cristo a través de su Palabra (2 Pedro 1:19). Recibirán ideas sobre cómo avanzar en una cultura que recompensa participar de los juegos que proponen sus gremios. Les abrirá puertas y, al mismo tiempo, los fortalecerá espiritualmente para que puedan vencer todo lo que enfrenten.

Esa recompensa también es nuestra cuando hacemos de la norma divina de Dios la norma que sostenemos y proclamamos a toda costa, y cuando tenemos la convicción y la mentalidad correcta hacia el pecado tal como Dios espera.

PREGUNTAS DE REFLEXIÓN

1. Describe una situación en la que, en retrospectiva, sentiste que comprometías tus creencias o valores cristianos y más tarde sufriste las consecuencias.

2. La obligación de dar cuentas es algo delicado porque a veces lo sentimos como un juicio que no pedimos. Menciona cómo puedes estar más dispuesto a dar cuentas de pecados que ni siquiera reconoces que estás cometiendo. Menciona algunas de las mejores prácticas que han funcionado para ti o para otros en el pasado.

3. Lee 1 Corintios 10:13: "No os ha sobrevenido ninguna tentación que no sea humana; pero fiel es Dios, que no os dejará ser tentados más de lo que podéis resistir, sino que dará también juntamente con la tentación la salida, para que podáis soportar".

   ¿Estás enfrentando actualmente una tentación en tu vida? ¿Puedes identificar la "salida"? Si no es así, pide al Señor sabiduría para saber dónde está o cuál es. Si deseas, puedes escribir aquí tu oración.

4. Considera el sufrimiento de Cristo en la cruz que soportó por el gozo que le esperaba. ¿Estás dispuesto a soportar la tentación en lugar de ceder a ella para obtener la recompensa eterna de la que habló Jesús en su mensaje a la iglesia de Tiatira? ¿Por qué sí o por qué no?

5. Reflexiona sobre una tentación a la que hayas cedido y las consecuencias que sufriste. ¿Qué te enseñó el haber hecho esa concesión?

6. Lee Apocalipsis 12:11: "Y ellos le han vencido por medio de la sangre del Cordero y de la palabra del testimonio de ellos, y menospreciaron sus vidas hasta la muerte".

¿Cuál es la palabra de tu testimonio que te permitirá vencer nuevas tentaciones o pruebas? Anótalo aquí.

¿Luchas con amar tu vida más que rendirte al Señor con un espíritu de amor por Él? ¿De qué manera lo experimentas más?

7. Lee 1 Juan 4:1: "Amados, no creáis a todo espíritu, sino probad los espíritus si son de Dios; porque muchos falsos profetas han salido por el mundo".

   ¿Qué significa probar los espíritus?

   ¿Es fácil detectar a un falso profeta en nuestra cultura cristiana contemporánea? ¿Cuáles son algunos de los indicadores?

   ¿Con qué frecuencia debes probar los espíritus para ver si provienen de Dios? Someter tus pensamientos a la verdad de la Palabra de Dios es una manera de discernir si lo que estás pensando proviene de Dios. ¿Haces de esto una práctica regular? Si no es así, ¿te comprometes a hacerlo? Anota aquí el compromiso que estás dispuesto a hacer.

8. Repasa 1 Juan 4:4: "Hijitos, vosotros sois de Dios, y los habéis vencido; porque mayor es el que está en vosotros, que el que está en el mundo".

   Si estás luchando con la tolerancia del pecado y la tentación a pecar, ¿qué puedes hacer para fortalecer tu determinación a vencer la tentación?

6

VIVIR EN EL PODER DEL ESPÍRITU

LA IGLESIA DE SARDIS

(Apocalipsis 3:1-6)

Había una vez un hombre que estaba visitando la granja de cerdos de su vecino cuando notó algo inusual en uno de los animales. Parecía que cojeaba. Así que se acercó para verlo mejor y se dio cuenta de que el cerdo tenía una pata ortopédica. Nunca había visto algo así: ¡un cerdo con una pata artificial! Así que preguntó al granjero por qué este cerdo era tan especial.

El granjero sonrió y le explicó que un día su nieta caminaba delante de un tractor cuando este estaba a punto de atropellarla. El cerdo saltó y la apartó del camino. En otra ocasión, su nieto se estaba ahogando y este cerdo saltó al agua y lo salvó.

El hombre se asombró de las hazañas de este cerdo. Sonrió y dijo al granjero que entendía por qué quiso darle una pata artificial a este cerdo, que sin duda había resultado herido en uno de esos rescates.

Sin embargo, el granjero se rio y dijo: "No, el cerdo no resultó herido. Solo que no tuve el valor de comérmelo todo de una vez".

Las cosas no siempre son lo que parecen. No siempre son tan

claramente definibles como parecen en un principio. Por eso el mensaje a la iglesia en Sardis es así. La iglesia experimentaba un falso sentido de seguridad. Habían depositado sus esperanzas en lo que podían ver, pero lo que veían no era todo lo que había que ver, como descubriremos.

LA CIUDAD DE SARDIS

Ubicada a solo 50 km al sur de Tiatira en la misma región de Asia Menor, Sardis estaba construida sobre una montaña alta donde habían construido una acrópolis que hacía que la ciudad pareciera inexpugnable. Parecía como si no hubiera manera de que alguien pudiera derrotar a esta comunidad asentada sobre una colina debido a todos los problemas que tendrían que pasar para hacerlo. Pero Sardis fue derrotada en dos ocasiones: una vez alrededor del 547 a.C. por Ciro el Grande, y otra alrededor del 213 a.C. por Antíoco III. Ambos ejércitos llegaron durante la noche (el momento más insospechado) y atacaron Sardis por sorpresa.

¿Acaso no sería la noche el momento naturalmente más indefenso por lo que habrían apostado guardias en toda la ciudad? Podría pensarse que sí, pero los ataques tuvieron éxito porque Sardis se había acostumbrado tanto a su propia suficiencia y seguridad, que creyeron que su ciudad era realmente inexpugnable; entonces dieron por hecho que nada podía pasarles. Y lo que era verdad de la ciudad de Sardis, también lo era de la iglesia de Sardis.

EL ERROR DE LA IGLESIA

Por eso Jesús empieza su mensaje a la iglesia de Sardis con este recordatorio sobre sí mismo: "El que tiene los siete espíritus de Dios, y las siete estrellas" (Apocalipsis 3:1). Recuerda que el número siete es el número de la consumación. Al referirse a sí mismo como poseedor de los siete Espíritus de Dios, Jesús quiere decir que en Él se incluye la obra completa del Espíritu Santo.

Esto es tan importante de notar, porque la raíz del problema que tenían estos cristianos en Sardis era que se habían vuelto tan autosuficientes en sus propios pensamientos, que ya no sentían que necesitaban al Espíritu Santo. Creían que podían hacer todo por sí mismos, que de hecho es una actitud muy peligrosa.

¿Sabes por qué los cristianos no oramos más? Porque demasiados de nosotros creemos que somos autosuficientes. No sentimos que necesitamos a Dios hasta que surge una emergencia. Los cristianos de Sardis eran educados, pudientes y estaban en una posición cómoda, muy similar a los de gran parte de nuestra cultura cristiana contemporánea. Por consiguiente, confiaban demasiado en sí mismos y estaban cegados a los ataques sorpresa del enemigo.

Uno de los mayores peligros del éxito (ya sea en las finanzas, condición social, relaciones, profesión o en cualquier otro ámbito) es que, cuanto más asciendes en la escala, más independiente puedes llegar a ser. ¿Por qué orar, por ejemplo, cuando tienes recursos ilimitados de dinero o crédito? El éxito a menudo se presta a un espíritu de independencia que incluye a Dios solo en las emergencias, y como he dicho, esto nos coloca en una situación peligrosa. Es similar a un equipo deportivo ganador de un campeonato que intenta repetir su victoria dos años seguidos. Rara vez ocurre esto, porque el éxito tiende a engendrar complacencia.

Uno de los mayores peligros del éxito... es que, cuanto más asciendes en la escala, más independiente puedes llegar a ser.

No solo se sentían autosuficientes los cristianos de Sardis, sino también sus pastores y líderes espirituales. Lo sabemos porque Jesús también se presenta como Aquel que tiene las siete estrellas. Las estrellas son una referencia a los líderes espirituales. Esto revela que había un vacío de liderazgo de calidad en la iglesia. El liderazgo que debería haber estado guiando a la congregación a abrazar y perseguir la obra del Espíritu los había guiado por el camino de la independencia y la comodidad.

Una niebla en el púlpito es siempre una niebla en los bancos de la iglesia. Cuando los líderes espirituales no ejemplifican ni enseñan la verdad bíblica, su error se magnifica en la vida de aquellos que asisten a sus iglesias.

Pronto veremos que, evidentemente, los cristianos de Sardis estaban buscando sus propios intereses en lugar de buscar una relación íntima con el Espíritu. Una de las tareas del Espíritu Santo es fortalecer y alimentar tu vida espiritual, pero otra es asegurarse de que Satanás no se salga con la suya contigo. Es darte las herramientas que necesitas para lograr la victoria que deseas en aquello que estás tratando de vencer. Pero el Espíritu Santo no hace su obra sin que establezcas una relación y cooperes con Él. Una vida desprovista del Espíritu de Dios es una vida susceptible a la derrota en todas las áreas. Es solo cuestión de tiempo.

MUERTE ESPIRITUAL

Así continúa el mensaje de Jesús a la iglesia de Sardis: "Yo conozco tus obras, que tienes nombre de que vives, y estás muerto" (Apocalipsis 3:1).

Aunque Sardis era una iglesia como muchas de las de ahora (el lugar para adorar "de moda" con el mejor equipo de música, la predicación más apasionante y el edificio más distinguido, por no mencionar el café gratis), carecía de lo más importante. Habían olvidado incluir al Espíritu Santo como líder espiritual y guía de todo lo que debían hacer. Sardis era una iglesia estelar, muy conocida. Tenía una reputación positiva en Internet. La gente acudía a sus servicios desde todas partes.

Sin embargo, Apocalipsis 3:1 señala que tenían un problema: Aunque las personas y la comunidad pensaban que la iglesia estaba "viva", Dios los declaró espiritualmente muertos. A pesar de su reputación y las críticas favorables con respecto a que tenían los mejores grupos pequeños espirituales de los alrededores, Él declaró lo contrario. Como numerosas iglesias de hoy, estaba llena de miembros agonizantes.

De modo que para todos nosotros hoy, es posible parecer espiritualmente vivos, vestirnos como si lo estuviéramos, caminar como si lo estuviéramos y hablar como si lo estuviéramos, pero aun así estar agonizantes en las cosas de Cristo; es decir, espiritualmente muertos. Esto sucede cuando las personas no tienen la manifestación completa del Espíritu en sus vidas. Es la llenura del Espíritu la que infunde vida.

Por lo tanto, si el Espíritu Santo no está operando en tu vida, tu hogar, tu iglesia (incluso en tus pensamientos), no hay vida espiritual en ti. Estudiar sin el Espíritu es una pérdida de tiempo. Planificar sin la persona de Cristo hecha realidad a través del Espíritu Santo es una pérdida de tiempo. El Espíritu es quien lleva a cabo tanto en ti como a través de ti la obra de Dios en tu vida.

El Espíritu es quien lleva a cabo tanto en ti como a través de ti la obra de Dios en tu vida.

Supongamos que compras un refrigerador nuevo con todas las comodidades. Lo que se te ocurra, ese refrigerador puede hacerlo. Estás entusiasmado con tu nuevo electrodoméstico. Te lo entregan y te lo instalan adecuadamente. Luego compras una gran cantidad de alimentos frescos y congelados. Pero, al día siguiente, cuando abres el refrigerador, el helado se ha derretido y la leche se ha echado a perder. En lugar de olor a la comida deliciosa, hay hedor.

Ten en cuenta que has pagado mucho dinero por este refrigerador. Además, pagaste mucho dinero por los alimentos que colocaste en él. Así que no solo sientes que has malgastado tu dinero en ese nuevo electrodoméstico, sino que has malgastado tu dinero en toda esa comida que ahora se ha echado a perder.

Por eso, cuando tomas el teléfono y llamas al servicio de atención al cliente del fabricante para quejarte de tu compra, suenas un poco evangélicamente irritado. Además, pides que te lo reemplacen, pero antes que te digan que están dispuestos a reemplazarlo, quieren enviar a alguien a tu casa para inspeccionar el que tienes. Aceptas, y el representante descubre el verdadero problema.

"Su refrigerador no tiene ningún defecto —dice el inspector—. ¡Excepto el hecho de que no está conectado a la electricidad!". En otras palabras, no tienes un problema de equipo ni de fabricante; tienes un problema de alimentación debido a tu propia negligencia. Y no importa cuán costoso y espectacular sea tu nuevo refrigerador, no funcionará si no está conectado a la fuente de energía para el que fue equipado.

Debes mantener una relación íntima y permanente con el Espíritu para poder tener acceso a su poder dentro de ti.

Todo aquel que ha aceptado a Jesucristo como Salvador ha recibido el equipo que necesita para experimentar la vida vencedora. En 2 Corintios 5:17, leemos que todo el que está en Cristo es una nueva criatura. Como seguidor del reino de Cristo, has recibido el Espíritu Santo, que mora en ti para impregnar tu espíritu y tu alma. Tu alma está entonces capacitada para impregnar tu cuerpo. Todo lo que necesitas se te ha concedido. De modo que, si tu vida cristiana no está funcionando, no es debido a un equipo defectuoso; es debido a que el Espíritu de Dios no está conectado a tu espíritu. No le estás permitiendo hacer la obra séptuple, la obra completa, en tu vida y tu ministerio. Debes mantener una relación íntima y permanente con el Espíritu para poder tener acceso a su poder dentro de ti.

Esta es una de las principales razones por las que muchos creyentes hoy día experimentan una vida espiritual deficiente. Sin embargo, dado el alto precio que Jesús pagó para ofrecer a cada uno de nosotros el don de la salvación mediante su obra consumada en la cruz, realmente no hay excusa para vivir como un hombre muerto. Tenemos dentro de nosotros el aliento vivo del Espíritu que nos da acceso a todo lo que necesitamos para vencer y triunfar sobre el enemigo que trata de destruirnos.

VIVIR EN EL ESPÍRITU, O NO

La obra del Espíritu Santo, como un regulador de intensidad en un aparato de luces de tu casa, es aumentar la luz de Cristo dentro de ti. En el Antiguo Testamento, Dios Padre era quien brillaba como la superestrella en la gran historia de la humanidad. Aparecía en todas las páginas. En los Evangelios, esta superestrella era Jesucristo, Dios Hijo. Pero una vez que comenzó la era de la Iglesia, como se revela en Hechos 2, el Espíritu Santo se convirtió en la superestrella. El Espíritu es el miembro de la Trinidad que lleva a cabo la obra del creyente en medio de la confrontación de reinos en la tierra. Él es el responsable de transformarnos a imagen de Cristo (2 Corintios 3:17-18).

El Padre envió al Hijo, y luego el Hijo envió al Espíritu. Por lo tanto, si no existe una relación con el Espíritu Santo en tu vida, o si esa relación es de alguna manera distante, tensa o nula, no experimentarás mucho de Jesús. Y si no experimentas mucho de Jesús, tampoco experimentarás mucho de Dios Padre. Si quieres más de Dios en tu vida, tienes que tener más de Jesús. Y si quieres más de Jesús en tu vida, tienes que tener más del Espíritu Santo, porque sin Él, no puedes acceder a la experiencia plena de la Divinidad.

Estamos llamados a vivir en el Espíritu, pero muchas personas no se dan cuenta de lo que significa. Significa estar lleno del Espíritu. Y para estar lleno del Espíritu, debes operar como una red espiritual. Debes basar tus decisiones en una perspectiva espiritual o una visión del reino. Cada vez que predomina una perspectiva no espiritual en tus pensamientos, palabras o acciones, es porque te has desconectado del Espíritu Santo. Y estás viviendo de acuerdo a tu propia voluntad y a tus propios deseos. Cuando intentas introducir una perspectiva contraria a la del Espíritu, estás intentando que tu equipo funcione con tu propio poder.

Sin embargo, la vida espiritual nunca fue diseñada para funcionar con tu sabiduría humana ni con tu poder humano. No está diseñada para funcionar sin estar conectado al Espíritu de Dios. En 1 Corintios 2:16 se le llama a esta conexión tener "la mente de Cristo". Tener la mente de Cristo implica pensar como Él piensa y responder como Él respondería para que el Espíritu se active en cualquier situación que estés enfrentando. Tu nueva naturaleza espiritual actúa dentro de ti solo según la vida que da el Espíritu.

Tener la mente de Cristo implica pensar como Él piensa y responder como Él respondería para que el Espíritu se active en cualquier situación que estés enfrentando.

¿Has visto alguna vez el jardín delantero de una casa con un letrero en su cerca que dice "cuidado con el perro", pero sabes que no hay ningún perro? Solo pusieron el letrero para asustar a cualquiera que pudiera estar pensando en entrar a su casa o invadir su propiedad. Algunos cristianos tratan de actuar sin el poder y la protección del

Espíritu Santo mientras piensan que llevar un letrero que dice que son cristianos es suficiente.

Sin embargo, el letrero no cambia la realidad. A través de su Espíritu, Dios debe activar o vivificar tu naturaleza espiritual interior o, de lo contrario, seguirás siendo, al menos, espiritualmente anémico. Ningún letrero puede traer vida espiritual. Tampoco puede hacerlo llevar una Biblia contigo o incluso asistir a la iglesia. Aunque ambas cosas son buenas y necesarias para tu vida cristiana, si las haces sin la presencia permanente del Espíritu, no lograrás aquello para lo que has sido diseñado.

Tal vez hayas visto o al menos oído hablar de películas como *La noche de los muertos vivientes*, donde los zombis deambulan como seres vivos, pero por dentro están totalmente muertos. De hecho, lo que da miedo de una película de zombis es que intentan hacer daño, aunque estén muertos. Es difícil defenderse de alguien que ya está muerto.

No obstante, muchos cristianos viven espiritualmente muertos mientras van por ahí y lastiman a otros en la familia de Dios mediante conversaciones o comportamientos tóxicos. Y si se los confronta por sus conversaciones o comportamientos, no responden como lo haría alguien que siente la convicción del Espíritu. Todo lo que esto hace es esparcir más dolor, más daño y más destrucción a través del cuerpo de Cristo mientras cristianos zombis, desconectados del Espíritu de Dios, se infiltran en los círculos espirituales.

Sin el Espíritu de Dios que vivifica nuestros pensamientos, acciones, respuestas y emociones, permaneceremos espiritualmente dormidos y haremos daño en vez de ayudar. Alguien puede parecer que tiene vida espiritual, pero eso no significa que sea su realidad. ¿Recuerdas mi ilustración anterior sobre un bebé que espera el sustento de un chupete? Esto es así. Cuando un padre trata de calmar con un chupete a su bebé que llora de hambre, funciona durante un tiempo porque el bebé no conoce nada mejor. Y cualquiera a su alrededor podría pensar que no tiene hambre, pero es solo cuestión de tiempo que la verdad salga a la luz.

Cuando el bebé se da cuenta de que el chupete no va a proporcionarle leche, lo escupe y llora aún más. Tener una reputación como la que tenían los cristianos de Sardis, les hizo pensar a ellos y a los que los rodeaban que eran "todo eso", cuando en realidad no eran gran cosa. No hay vida cuando no hay una relación con el Espíritu Santo. Como dice 2 Timoteo 3:5, tienes "apariencia de piedad" mientras niegas su poder. Básicamente, estás aparentando ser un cristiano sin el poder de una relación con Dios.

Si no hay una realidad de la obra de Jesús en tu vida, aunque sepas usar todas las palabras cristianas correctas o cantar todas las canciones de adoración, solo estás usando una máscara y te estás disfrazando de Jesús en Halloween. No importa lo que otras personas vean, digan o piensen. Ni siquiera importa si los engañas. Lo que importa es lo que Dios sabe de ti. Él ve tu corazón, y Él sabe si tienes una relación permanente con Él a través de una comunión íntima con el Espíritu.

¡DESPIERTA!

Cuando Jesús, el Cristo resucitado que ascendió a los cielos, regrese a buscar a su Iglesia, quiere encontrar una Iglesia genuina. Quiere seguidores del reino auténticos y fieles. No quiere joyas falsas enchapadas en oro, aunque luzcan bien por un tiempo. Quiere creyentes totalmente comprometidos. Por eso, Jesús dice a continuación: "¡Despierta! Fortalece lo poco que te queda, porque hasta lo que queda está a punto de morir" (v. 2, NTV). Jesús está llamando a la iglesia de Sardis (y a todos los creyentes que están en la misma condición hoy) a despertar. Ya es hora.

"¡Despierta!" implica que uno está dormido, y Jesús está declarando que muchos que confiesan su nombre están, al menos, espiritualmente dormidos. Caminan en un estupor espiritual y creen cualquier cosa que alguien les diga, pero no piensan por sí mismos. No usan el libre albedrío que se les ha dado ni someten sus pensamientos y acciones a Cristo. Jesús sabe que, para que seas verdaderamente su discípulo, necesitas estar despierto.

El problema con la Iglesia de la Comunidad Bíblica de Sardis, así como con muchos de los miembros de la Iglesia contemporánea de hoy, es que ellos empezaron algo espiritual pero no lo terminaron. Se adormecieron frente a las tentaciones de la comodidad, la complacencia e incluso el éxito. Comenzaron a seguir a Jesús, pero luego lo dejaron cuando las cosas se pusieron difíciles o incómodas. Se sentían tan cómodos como cristianos ocasionales, que ya no tenían ninguna aspiración o ambición de seguir apasionadamente a Cristo.

De hecho, se acostumbraron a la salvación. Se acostumbraron al perdón. Se acostumbraron al amor de Dios. Y siempre que te acostumbras a algo, lo dejas de valorar. Dejas de esforzarte por eso como lo hacías antes. Y en tu vida cristiana, dejas de leer la Palabra, orar, testificar, buscar el corazón de Dios y su dirección. Te duermes.

ENTRÉGALE TODO A DIOS

Mi aperitivo favorito son las papas fritas, pero no de cualquier sabor. El sabor a jalapeño es mi favorito. Tengo bolsas de estas papas fritas en los cajones de mi escritorio, así como en mi casa. Y en las reuniones de ministerio de La Alternativa Urbana suelen ofrecerme estas papas fritas, pero hace poco surgió un problema. Me di cuenta de que algo extraño sucedía con esas papas fritas.

Al igual que muchos otros artículos que sufren los efectos de la inflación, el precio de mis papas fritas se mantuvo igual o incluso subió, pero el número de papas fritas en la bolsa disminuyó. La empresa redujo la cantidad de papas fritas para ahorrar costos. No solo eso, sino que también redujeron el grosor de las papas. Así que ahora no solo tengo media bolsa de aire, sino que las papas fritas no producen la misma sensación que las más gruesas. En esencia, el fabricante ha decidido seguir cobrando el precio completo y estafar a los clientes al ofrecerles menos producto.

Jesucristo pagó el precio completo en la cruz por nuestra salvación. Sus palabras en el Calvario fueron: "Consumado es". La palabra griega aquí es *tetelestai*, que significa “totalmente pagado”. Jesús no pagó el precio completo por tu salvación solo para estar satisfecho con que le entregues una vida a medias como la media bolsa de papas fritas llena de aire. Él pagó el precio completo porque quiere un compromiso completo de tu parte. Seamos sinceros. Si te presentas al Señor con una vida de oración a medias, o con un servicio a medias o incluso con una relación a medias, estás estafando a Dios.

Si te presentas al Señor con una vida de oración a medias... estás estafando a Dios.

Sin embargo, la Biblia dice que cualquier cosa que hagamos (comer, beber o cualquier otra cosa) debemos hacerlo para la gloria de Dios. No solo un poco para su gloria. No solo una cuarta parte para su gloria. Y no solo la mitad para su gloria. *Lo quiere todo*. Y como vemos en su mensaje a la iglesia de Sardis, Jesús les pide que le den lo que les queda. Les pide que le den lo que han estado guardando.

¿Qué queda en tu vida? ¿Qué te estás guardando para ti? ¿Qué estás descuidando espiritualmente por pereza, complacencia o comodidad? ¿Haces alguna actividad espiritual que carece de relación con el Espíritu? ¿Estás sirviendo a Dios, pero en tu propia carne o poder?

La única manera de dar a Jesús lo que queda en tu vida es conectar lo que piensas, lo que dices y lo que haces al Espíritu Santo. Él producirá resultados que deriven de su poder en ti. Sin la participación del Espíritu, todo lo que hagas (aunque sea para Dios) carecerá de valor. En Apocalipsis 3:2, el mensaje de Jesús a la iglesia de Sardis continúa diciendo: “porque no he hallado tus obras perfectas delante de Dios”. Aunque la iglesia hacía muchas cosas, Jesús los encontró insuficientes.

TRES PASOS PARA CONECTARTE CON EL ESPÍRITU

En Apocalipsis 3:3, el mensaje de Jesús continúa diciendo: "Acuérdate, pues, de lo que has recibido y oído; y guárdalo, y arrepiéntete". Para que los cristianos de Sardis realmente se conectaran (o reconectaran) con el Espíritu y le dieran a Dios lo que Él deseaba, Jesús los instruyó a hacer tres cosas: recordar lo que habían recibido, guardar (actuar en consecuencia) lo que habían recibido y arrepentirse. Y para que nosotros nos conectemos con el Espíritu de Dios, necesitamos hacer las mismas cosas.

1. Recuerda lo que ya sabes

Cuando Jesús pide a los cristianos de Sardis que recuerden lo que ya habían oído, se refiere a la enseñanza bíblica que les habían dado los apóstoles. No estaban practicando lo que habían escuchado, pero tenían suficiente conocimiento bíblico y participación en grupos pequeños para saber cómo hacer lo que no estaban haciendo.

A veces no necesitamos nuevos sermones. Solo necesitamos hacer algo con los viejos sermones que contenían instrucciones bíblicas, pero que aún no hemos puesto en práctica. Porque si todo lo que estamos haciendo es digerir información en lugar de poner en práctica lo que hemos aprendido, no estamos experimentando la vida cristiana en su plenitud.

Esto me recuerda la historia de un pastor que, el primer domingo del mes, predicó que todos debían nacer de nuevo. El segundo domingo volvió a predicar que todos debían nacer de nuevo. Y el tercer domingo, volvió a predicar que todos debían nacer de nuevo. Después de escuchar el mismo mensaje tres semanas consecutivas, un diácono le preguntó por qué seguía predicando lo mismo.

El pastor respondió: "¡Porque todos debemos nacer de nuevo!".

El diácono entendió lo que el pastor quería decir. Si los miembros de la iglesia no permitían que Dios hiciera esa única cosa (darles una nueva vida en Cristo), todo lo demás que hicieran no importaba.

Así que el pastor decidió centrarse en lo que más importaba durante el tiempo que fuera necesario. Quería enfatizar que, antes de pasar a la siguiente enseñanza, su congregación necesitaba recordar lo que se les había enseñado hasta ese momento. En otras palabras, necesitaban recordar lo que ya sabían hacer. Y nosotros también necesitamos hacerlo.

2. Haz lo que ya sabes

Cada uno de nosotros necesitamos ser personalmente responsables de hacer lo que ya sabemos hacer, porque el Espíritu Santo y su corriente eléctrica fluyen solo en el contexto del movimiento. El Espíritu responde a nuestro *andar conforme* a la Palabra, no solo a lo que *hablamos de la Palabra*. Esta es la segunda cosa que el mensaje de Jesús llamó a la iglesia de Sardis a hacer: poner en acción lo que recordaban de la Palabra de Dios. Y este es otra vez un llamado para nosotros también. Santiago 1:22 señala: "Pero sed hacedores de la palabra, y no tan solamente oidores", y en Lucas 11:28, Jesús dijo: "Antes bienaventurados los que oyen la palabra de Dios, y la guardan".

3. Arrepiéntete

Luego dijo a los cristianos de Sardis que se arrepientan. Arrepentirse significa dejar de hacer lo que la Palabra dice que no se debe hacer y empezar a hacer lo que dice que se debe hacer. Esto es apartarse de algo y al mismo tiempo volverse a algo más. No es simplemente una palabra que dices o una oración que pronuncias. Jesús llamó a la iglesia de Sardis a arrepentirse de darle la espalda a Dios. Debían arrepentirse de saber lo que tenían que hacer, pero no hacerlo por pereza y complacencia. Debían apartarse de sus propios deseos y actitudes egoístas y volverse a Dios, al recordar su visión de reino y ponerla en práctica.

¿Y qué pasaría si la iglesia de Sardis no se arrepentía? Jesús dijo: "Pues si no velas, vendré sobre ti como ladrón, y no sabrás a qué hora vendré sobre ti" (v. 3). Recuerda que eso fue lo que sucedió con la ciudad de Sardis cuando los ejércitos de Ciro y Antíloco llegaron durante la noche con un ataque sorpresa. Los cristianos de Sardis conocían esa historia.

LA VIDA LLENA DEL ESPÍRITU, GUIADA POR EL ESPÍRITU

Y entonces el mensaje de Jesús dijo: "Pero tienes unas pocas personas en Sardis que no han manchado sus vestiduras; y andarán conmigo en vestiduras blancas, porque son dignas. El que venciere será vestido de vestiduras blancas; y no borraré su nombre del libro de la vida, y confesaré su nombre delante de mi Padre, y delante de sus ángeles" (vv. 4-5).

Dios estaba usando a unas pocas personas de la iglesia para extender el gobierno de su reino en la tierra. No eran la mayoría; eran un remanente, pero no se olvidó de ellos. No los pasó por alto. Se fijó en los pocos que lo habían puesto a Él primero, y los mencionó en el contexto de las vestiduras. Ensuciarse una prenda indicaba una mancha de algo del mundo, ya fuera de comida o suciedad o cualquier otra cosa.

No obstante, Santiago 1:27 declara que debemos mantenernos sin mancha del mundo. Por lo tanto, Dios señaló que el remanente de Sardis no había cedido a la mundanalidad. No se habían rendido a los pensamientos y la perspectiva del mundo. No habían fusionado la sabiduría del mundo con la de Dios.

Veamos tres maneras en que este remanente en Sardis muestra cómo es vivir una vida llena del Espíritu, guiada por el Espíritu.

1. Sigamos los caminos de Cristo, no los de la cultura

Para expresarlo de otra manera, el remanente no se había adaptado a la cultura. Habían permanecido comprometidos con Cristo. No habían hecho ninguna concesión con la cultura, sino que vivieran comprometidos con Cristo dentro de esta. Como he mencionado en capítulos anteriores, demasiados creyentes hoy día quieren sentirse aceptados en el mundo y hacen concesiones con sus valores cristianos. Lo hacen para gustar a los demás, ser seguidos o progresar de alguna otra manera trivial.

Esta transigencia con la cultura es la razón por la que no leemos nada acerca de persecución de los miembros de la iglesia de Sardis. Parece que el remanente era suficientemente pequeño para no haber llamado la atención hasta el punto de la persecución. De hecho, la mayoría de los ciudadanos de Sardis aplaudía a la iglesia allí. Incluso los paganos hablaban bien de ellos, muy probablemente porque se habían secularizado, culturizado y, como resultado, popularizado. En resumen, se habían rendido a la mundanalidad.

2. Busquemos la piedad, no la mundanalidad

La mundanalidad es ese sistema encabezado por Satanás que deja afuera a Dios. Cuando has dejado a Dios y a Jesús de lado porque no quieres ofender a nadie o te preocupa lo que puedan decir o pensar de ti, te has vuelto mundano. La mundanalidad no es solamente ir de fiesta en fiesta. La mundanalidad es cualquier cosa en la que participas que deja a Dios afuera de la visión primaria y determinante de cómo experimentar las cosas de este mundo. "Manchar tus vestiduras" tiene lugar cada vez que colocas otra visión o perspectiva por encima de las de Dios.

La mundanalidad es cualquier cosa en la que participas que deja a Dios afuera de la visión primaria y determinante de cómo experimentar las cosas de este mundo.

Es fácil juzgar ciertos pecados manifiestos porque nuestra cultura cristiana nos ha enseñado a identificarlos y señalarlos. Sin embargo, la complacencia debido a la comodidad es un pecado que merece los juicios más estrictos de Dios. Una mirada atenta a la razón por la que Dios destruyó Sodoma y Gomorra lo revela claramente. Vivir para Cristo implica mucho más que evitar una determinada lista de cosas que no se deben hacer. Implica poner toda tu vida, tus pensamientos, emociones, palabras, acciones bajo el señorío de Jesucristo. Cuando lo hagas, serás como el remanente de Sardis.

3. Mantengamos nuestra reputación, no la perdamos

En los versículos 4 y 5, vemos que, dado que este remanente no cedió a la presión de la cultura, porque estimaron la piedad por sobre la mundanalidad, Jesús dijo: "andarán conmigo en vestiduras blancas, porque son dignas. El que venciere será vestido de vestiduras blancas". Es importante notar que empleó la palabra *blancas* dos veces. Está hablando de ropa, porque Sardis tenía un próspero distrito de ropa. En aquellos días, una prenda blanca sería similar a nuestro esmoquin o vestido de fiesta de hoy. Las prendas blancas eran ropa formal para ocasiones especiales. Denotaban un sentido de realeza y autoridad. Para expresarlo en lenguaje cotidiano, Jesús estaba diciendo que los que vencieran en Sardis estarían vestidos de punta en blanco.

Ahora bien, eso nos lleva a preguntar, ¿por qué alguien se vestiría de punta en blanco? Normalmente, solo si tiene que ir a algún lugar en que deba lucir así. Las vestiduras blancas revelaban una invitación especial a los eventos formales de Dios. Jesús nos está diciendo que Él va a invitar a sus eventos especiales a aquellos que estén dispuestos a comprometerse de todo corazón con Él y no jueguen a la iglesia. Estos recibirán una invitación a una variedad de experiencias únicas y especiales en el cielo. Es más, su nombre no será borrado del libro de la vida.

Pues bien, la lectura de ese pasaje puede plantear cierta dificultad, ya que las Escrituras enseñan sobre la seguridad eterna (véase Romanos 8:38-39, así como otros pasajes). La seguridad eterna significa que una vez que una persona es realmente salva, siempre será salva. No puede perder su salvación por nada que haga o haya hecho. De modo que cuando Jesús se refiere a borrar un nombre del libro de la vida, se está refiriendo a la primera vez que mencionó "nombre" a la iglesia de Sardis. Les dice que tienen un nombre, pero están muertos. Espiritualmente muertos. La palabra *nombre* en ese contexto significa reputación.

La hermenéutica bíblica exige que observemos el contexto de un versículo o pasaje y no solo el versículo o pasaje en sí. Por lo tanto, basado en este contexto, lo que no se borrará es la reputación de la persona. Seguirán siendo conocidos en el cielo por lo que hicieron en la tierra. Se los reconocerá eternamente por su compromiso. Será como tener su nombre personal en su propio lugar de estacionamiento VIP.

Esto es importante para la mayoría de los creyentes, porque no suelen aparecer en las primeras páginas de las noticias espirituales. Posiblemente pocos conocen tu nombre. Pocos te reconocen. Puede que nunca hayas recibido una placa por servir a Dios, pero tal vez visites a los enfermos, a los indigentes o a los ancianos. Tal vez eres una persona que, sin ser visto, se asegura de que todo se haga para que la obra del Señor siga adelante. Si eres como cualquiera de los casos mencionados, cuando llegues al cielo te habrás ganado una reputación que permanecerá contigo. Se te reconocerá por ser el guerrero de oración que has sido, o el padre devoto que has sido o el líder comprometido que has sido.

En el cielo, no habrá una jerarquía de popularidad como nuestra cultura aquí obliga a la gente a vivir. Serás conocido por tu nombre, que es tu reputación, si vives como un vencedor, un seguidor de Jesucristo gracias al poder de tu relación con el Espíritu Santo.

En su mensaje, Jesús concluye el versículo 5 señalando: "confesaré su nombre delante de mi Padre, y delante de sus ángeles". Si eliges vivir como un vencedor, ¡Jesús te anunciará! Pondrá tu nombre y tu reputación en una cartelera. Reconocerá lo que has hecho por Él.

Ser un vencedor significa vencer pecados sutiles como la complacencia, la comodidad, el deseo de popularidad cultural y el alejamiento espiritual del Espíritu Santo. Y puedes vencerlos cuando te acercas a Jesús y haces tuyos su voluntad y sus deseos. Al hacer esto, Él manifestará su fuerza a través de ti mientras el Espíritu te capacita para vivir como un vencedor de su reino.

Esta es la vida llena del Espíritu y guiada por el Espíritu que Jesús quería para la iglesia de Sardis y que quiere para nosotros hoy.

PREGUNTAS DE REFLEXIÓN

1. Lee 1 Crónicas 16:11: "Buscad a Jehová y su poder; buscad su rostro continuamente".

   En una escala del 1 al 10, con 10 como la puntuación más alta, ¿cómo te calificas en la acción de buscar a Dios continuamente? En la práctica, ¿cómo puedes buscar a Dios continuamente?

2. Lee Hebreos 11:6: "Pero sin fe es imposible agradar a Dios; porque es necesario que el que se acerca a Dios crea que le hay, y que es galardonador de los que le buscan".

   ¿Crees que las recompensas espirituales se reciben solo en el cielo? ¿O las recibimos también en la tierra? Explícate.

3. Piensa al menos en una acción que puedes llevar a cabo esta semana para mostrar a Dios una fe más profunda y ser consciente de su presencia mientras lo buscas cada día más. A continuación, anota aquí o en tu diario de oración cualquier momento personal que el Señor te conceda con Él y que sea único respecto a tu tiempo habitual con Él.

4. Lee Santiago 4:8: "Acercaos a Dios, y él se acercará a vosotros. Pecadores, limpiad las manos; y vosotros los de doble ánimo, purificad vuestros corazones".

   ¿Qué significa ser de doble ánimo?

   ¿En qué cosas te das cuenta de que eres de doble ánimo?

   ¿Cómo puedes tener más fervor por Dios y poner tu atención más en Él para no ser de doble ánimo en tu vida?

7

ACCEDER A LA AUTORIDAD ESPIRITUAL

LA IGLESIA DE FILADELFIA

(Apocalipsis 3:7-13)

Vuelo frecuentemente para dar conferencias o asistir a reuniones, y me fascina la mecánica del avión y todo lo que implica mantenerlo en el aire. ¿Sabes lo raro que es que un avión se estrelle? Son resistentes y están bien diseñados para hacer frente a numerosos obstáculos potenciales. Sin embargo, es posible que una turbulencia invisible y fuerte impulse repentinamente a un avión hacia abajo con tal presión que sea incapaz de recuperarse.

Por desgracia, las turbulencias son difíciles de detectar. Parecen surgir de la nada, pero los ingenieros han desarrollado una tecnología para adelantarse al peligro. Se llama radar Doppler. Esta maravilla meteorológica es capaz de ver lo invisible, interpretarlo y avisar a los pilotos sobre lo que les espera. Los pilotos prudentes le prestan mucha atención porque saben que el radar puede ver y descifrar lo que ellos no pueden. Serían necios si confiaran en sus instintos e ignoraran el radar.

Tú y yo podemos estar volando por la vida y ocuparnos de nuestros asuntos lo mejor que podemos, cuando de repente algo nos impacta negativamente. Una inesperada ráfaga de oposición se abalanza sobre nosotros en un intento de hacernos chocar o, como muchos dicen, que nos vengamos abajo. Somos necios si nos fiamos de nuestros instintos en lugar de confiar en Aquel que no solo puede ver lo que no se ve, sino también ayudarnos a dar sentido a lo que pretende derribarnos.

A estas alturas ya deberías saber que Dios quiere que seas un vencedor. Que *eres* un vencedor. Sin embargo, como hemos visto en las iglesias de Apocalipsis hasta ahora, es posible ser un vencedor en cuanto a condición se refiere sin mantener la actitud de un vencedor. Es posible ser un vencedor en tu posición sin serlo en la práctica. También es posible ser un vencedor en tu doctrina sin vivir como un vencedor en tu vida diaria. Esto se debe a que una verdad sigue siendo solo una teoría para ti a menos que la pongas en práctica. Y para ponerla en práctica, tienes que comprender que hay fuerzas invisibles allá afuera que quieren evitar que tengas un aterrizaje seguro. Quieren que te estrelles.

Es posible ser un vencedor en tu posición sin serlo en la práctica.

Sin embargo, en su infinita sabiduría y poder omnisciente, Dios puede ayudarte a volar alto y seguro y, finalmente, permitirte llegar a tu destino divino conocido como tu llamamiento. Y en el mensaje de Jesús a la iglesia de Filadelfia, descubrimos otra clave para vivir con éxito terrenal en medio de las pruebas: acceder a la autoridad del reino.

CÓMO ERAN FILADELFIA Y SU IGLESIA

La ciudad de Filadelfia estaba en una región conocida por los terremotos. De hecho, en el año 17 a.C. un terrible terremoto prácticamente la destruyó. Entonces Roma fue y reconstruyó la ciudad, y le dio otra oportunidad de existir.

Filadelfia no era una iglesia rica. Tampoco era una iglesia poderosa. Ni siquiera era considerada una iglesia significativa. No tenía muchas ventajas. Por eso Jesús comienza su mensaje con este recordatorio de quién es Él: "Esto dice el Santo, el Verdadero, el que tiene la llave de David, el que abre y ninguno cierra, y cierra y ninguno abre" (Apocalipsis 3:7).

Dios era el que les abría las puertas. Dios era el que los guiaba con seguridad por cada camino. La iglesia de Filadelfia había aprendido a vivir en verdadera dependencia del Señor porque lo necesitaban. No pensaban demasiado en sí mismos. Sabían que tenían "poca fuerza" y necesitaban la intervención de Dios. Habían vivido a la luz de su nombre, que significaba "amor fraternal".

En su mensaje, Jesús les dijo: "He aquí, yo entrego de la sinagoga de Satanás a los que se dicen ser judíos y no lo son, sino que mienten; he aquí, yo haré que vengan y se postren a tus pies, y reconozcan que yo te he amado" (Apocalipsis 3:9). En otro pasaje de las Escrituras encontramos este concepto de otra manera: "Jehová dijo a mi Señor: Siéntate a mi diestra, hasta que ponga a tus enemigos por estrado de tus pies" (Salmos 110:1). El hecho es que, cuando guardas la Palabra de Dios, aunque tengas poco poder, poca influencia, poco reconocimiento o incluso poca importancia según las normas del mundo, Dios cambiará, revertirá y moverá las cosas para que incluso tus enemigos terminen bajo tus pies.

Puede que no tengas autoridad personal, reconocimiento o cualquier otra cosa, pero cuando tienes acceso a las llaves de autoridad de Cristo, sus llaves de poder en el reino, puedes lograr cualquier cosa que Él desee que hagas.

Lo interesante que significativamente hace a esta iglesia en particular diferente de las otras hasta ahora es que Jesús no está hablando de la vida venidera cuando dice: "yo haré que vengan y se postren a tus pies, y reconozcan que yo te he amado"; está hablando del éxito terrenal. Está haciendo referencia a los judíos de la sinagoga de Filadelfia. Ser un vencedor no es solo para la eternidad, aunque nuestras recompensas en la eternidad sean importantes. Ser un vencedor también es para la tierra.

Vivir con una perspectiva eterna nos ayudará a vivir con éxito terrenal. Dios puede abrirte puertas que te sorprenderán. Puede que no tengas un título para entrar por la puerta, ni el pedigrí, ni siquiera el currículum; pero un seguidor fiel, comprometido y entregado a Jesucristo tiene las llaves de la autoridad que pueden darle acceso a un nivel de influencia en la tierra mayor que cualquier habilidad o estrategia humana podrían dar. No solo recibirás aviso de los ataques invisibles del enemigo (las turbulencias dirigidas a derribarte) sino que recibirás la guía hacia y a través de puertas que te llevarán más lejos de lo que jamás podrías haber llegado por ti mismo.

TRABAJAR DURO

Cuando asistes a una clase de la universidad como oyente, estás diciendo que quieres la información sin la responsabilidad. Quieres aprender todo lo que se enseña en la clase, pero no quieres molestarte en hacer las tareas ni los exámenes. No quieres trabajar. Solo quieres el conocimiento. Antes que surgiera el aprendizaje en línea, era muy común asistir a clases universitarias como oyente. Cuando la información no estaba al alcance de la mano, suponía un costo, ya que había que comprometerse, como mínimo, a asistir a una clase en persona.

No obstante, en el mundo actual, aprender es tan fácil como abrir una aplicación, ver un vídeo o escuchar un audiolibro. De hecho, la información nos llega tan rápido hoy día, que muchos creen que sufrimos una sobrecarga de información. Por eso también buscamos mejores formas de asimilar la riqueza de la información para que nos resulte útil en lugar de ser algo que tan solo acumulamos.

Aunque asistir a una clase o aprender en línea puede ser útil para tu crecimiento y desarrollo general, no es una forma inteligente de encarar tu vida cristiana. No se puede asistir de oyente a una clase de la vida espiritual. Sin embargo, muchas personas vienen a la iglesia para escuchar la Palabra y ser inspirados por ella, pero no hacen planes para realizar ninguno de los trabajos que la vida cristiana requiere. No quieren asumir ninguna de las responsabilidades. Solo quieren los beneficios del conocimiento.

No obstante, cada vez que asistes a una clase de la universidad como oyente, debes saber que no recibirás ningún certificado porque no hiciste el trabajo requerido. Del mismo modo, si solo asistes como oyente a una clase de la vida cristiana, es decir, que asistes a la iglesia el domingo para recibir inspiración o para tachar esa tarea de tu lista de "deberes espirituales", pero no haces el trabajo de tu crecimiento personal y espiritual, no puedes esperar recibir el poder transformador que te permite vivir como un vencedor. La información sin aplicación práctica no tiene ningún valor transformador. No solo eso, sino que carece de la autoridad que viene ligada al certificado por haberte dedicado de lleno al proceso de desarrollo.

JESÚS NOS OFRECE LA AUTORIDAD DEL REINO

Cuando Jesús se presenta a la iglesia de Filadelfia, hace referencia a una llave. Leámoslo de nuevo: "Esto dice el Santo, el Verdadero, el que tiene la llave de David, el que abre y ninguno cierra, y cierra y ninguno abre" (Apocalipsis 3:7). Ahora bien, cuando la Biblia habla de llaves, habla de dos cosas: acceso y autoridad. Y cuando Jesús declara tener acceso a cualquier puerta y autoridad sobre toda puerta, está haciendo saber a la iglesia que Él posee la llave maestra. De hecho, *Él* es la Llave maestra. Como expliqué en un capítulo anterior, una llave maestra es una llave única que cierra o abre todas las puertas de un espacio determinado. Jesús está declarando a la iglesia que Él controla el reino porque Él posee y es la Llave maestra.

Para expresarlo en lenguaje cotidiano, les dice que Él lleva la batuta. Él dirige el espectáculo.

Leemos acerca de la autoridad de Jesús en Mateo 28:18, que ya hemos mencionado anteriormente: "Y Jesús se acercó y les habló diciendo: Toda potestad me es dada en el cielo y en la tierra". Luego, en Mateo 16:18-19, declara a sus discípulos que va a edificar su iglesia y, cuando lo haga, dará a la iglesia las llaves (en plural) del reino de los cielos. Las llaves denotan más que poder; denotan la máxima autoridad. Por lo tanto, si Jesús tiene la máxima autoridad como poseedor de la llave maestra, así como de las llaves del reino, entonces nosotros, sus hijos, también tenemos acceso a esta máxima autoridad cuando nuestras vidas están sujetas a Él.

Dicho de otro modo, si decides no hacer las cosas a la manera de Cristo y en cambio haces las cosas a tu antojo o de alguna otra manera, estás tomando las llaves equivocadas. Las llaves equivocadas nunca abrirán o desbloquearán las puertas del reino. Si quieres el acceso del reino al gobierno de Dios en la tierra, entonces necesitas usar las llaves que se ajusten a su voluntad y sus caminos. Dios quiere gobernar no solo en el cielo, sino también en la tierra a través de la persona de Jesucristo. Por eso, Cristo tiene todas las llaves.

No estamos viendo más del poder de la llave maestra para vencer en la vida de los creyentes porque demasiadas personas confían en las llaves equivocadas. Confían en la sabiduría terrenal o en llaves culturales para acceder a la autoridad celestial y sus resultados. Sin embargo, el gobierno de Dios no funciona así. Se accede solo a través de las llaves de su reino. Y tú necesitas acceder a su gobierno, porque cuando lo haces, las personas ya no tienen la última palabra. Ya no tienen la máxima autoridad sobre tu vida. Ya no te acorralan en ningún rincón o te dejan fuera de los espacios a los que realmente perteneces.

Demasiadas veces nos inquietamos y molestamos por las cosas equivocadas. Creemos que las personas tienen el poder definitivo de abrir o cerrar la puerta a nuestras esperanzas y nuestros sueños. Creemos que las personas tienen el poder de levantarnos o hundirnos.

Creemos que las personas tienen el poder de darnos o negarnos la promoción que creemos merecer.

No obstante, las personas no tienen ese poder, al menos no legítimamente. Solo si les *permitimos* tener ese poder pueden impedir que vivamos el designio de Dios para nuestras vidas. Se lo permitimos cuando decidimos utilizar el juego de llaves equivocado, pero cuando vivimos sometidos al señorío de Jesucristo (y usamos sus llaves del reino) tenemos acceso a la autoridad del reino que sobrepasa y prevalece sobre toda otra autoridad.

La iglesia de Filadelfia llegó a entender este tipo de poder y autoridad de manera directa.

Como dijimos antes, ellos tenían poca fuerza terrenal visible, pero en su mensaje a ellos, Jesús continúa diciendo: "Yo conozco tus obras; he aquí, he puesto delante de ti una puerta abierta, la cual nadie puede cerrar; porque aunque tienes poca fuerza, has guardado mi palabra, y no has negado mi nombre" (v. 8).

Cristo les comunica que Él sabe quiénes son, aunque casi nadie más lo sepa. Él los ve a pesar de que la sociedad no les preste ninguna atención. Él reconoce su falta de fuerza, influencia, credibilidad y posición social, aunque la cultura los ignore por completo. Pero, debido a que han permanecido fieles a Él a pesar de su falta de prominencia pública o progreso social, Él busca recompensarlos con lo que más necesitan: la autoridad del reino.

Jesús los recompensó porque le obedecieron y no negaron su nombre. Como hemos mencionado anteriormente, en el nombre de Jesús toda persona se postrará algún día (Filipenses 2:10). Por lo que Él no está hablando de una referencia genérica a Dios como hace la mayoría de las personas, porque cuando los miembros de la iglesia de Filadelfia no negaron el nombre de Jesús, no negaron específicamente el nombre de Jesucristo. Como resultado, Jesús dijo que Él intervendría en sus circunstancias y revocaría todo lo que intentara gobernarlos.

Si nunca has visto a Jesús intervenir en tus circunstancias para destronar, revertir, redimir o revocar lo que te parecía imposible, entonces todavía no has experimentado la autoridad de Cristo. En especial si nunca lo has experimentado en un momento en que particularmente sentías que tenías poca fuerza. Ver a Jesús que acude a ayudarte cuando no posees la habilidad, el currículum o la fuerza terrenal para lograr la victoria por ti mismo es lo que implica realmente ser un vencedor.

Jesús no necesita que sortees la carrera de obstáculos que la cultura establece. Cuando vives en obediencia a Cristo y en comunión permanente con Él, Él abre puertas para ti que nunca podrías abrir por ti mismo. De hecho, cuando Jesús es el que abre el camino, muchos se preguntan cómo has llegado hasta donde estás. Porque desde un punto de vista humano, no hay manera de que hubieras podido llegar hasta allí.

Cuando vives en obediencia a Cristo y en comunión permanente con Él, Él abre puertas para ti que nunca podrías abrir por ti mismo.

Eso es lo que Jesús asegura a la iglesia de Filadelfia: Él será quien enmiende sus agravios, los haga resurgir de sus cenizas y les abra las puertas para vivir su destino. Jesús los elevará por encima de aquellos que la sociedad señala como los más poderosos y, al hacerlo, demostrará su verdadero poder y autoridad sobre todos. No solo eso, sino que elevará a aquellos que reconozcan que Él es la Fuente de todo lo que hay en ellos para servirlo. De esa manera, no tendrán la opción de pensar que lo hicieron por sí mismos. Después de todo, el orgullo viene antes de la caída.

ADOPTA LA HUMILDAD

Nada te aleja más del propósito de Dios para tu vida que el orgullo. Y, aunque es bueno llevar una vida bendecida en el Señor y Él puede darte todo lo que necesitas para estar contento, si permites que esas bendiciones te confundan y te hagan pensar que eres más grande de lo que eres, habrás dejado que vayan demasiado lejos. La humildad es algo muy importante para Dios.

Nunca veas tu vida fuera de la autoridad suprema de la mano y el gobierno de Dios, porque si lo haces, tendrás que aprender una lección de humildad. Y aprender humildad nunca es una lección divertida. No es algo que debas buscar activamente. Más bien, puedes evitar tener que aprender esa lección si practicas ahora la humildad. Vivir con humildad implica reconocer la verdadera Fuente de todo lo que posees y todo lo que eres capaz de hacer. Esa fuente es Dios. Vivir con humildad implica recordar que, incluso en tus mejores días, eres un pecador salvado por la gracia. Mientras esa verdad esté en el centro de tu forma de ver la vida y de tu red emocional, estarás en condiciones de vivir una vida marcada por la humildad y la gratitud.

Cuando vives con esa mentalidad de reino, Dios es libre de abrirte puertas que tu educación, dinero, carrera o pedigrí no pueden hacer por sí solos. Dios da gracia a los humildes. Él te levantará mientras continúes dándole la gloria debida a su nombre. De hecho, Él te levantará de situaciones y circunstancias que parecen imposibles de vencer.

Eso dijo el ángel a la iglesia de Filadelfia, como vimos en el versículo 9. Leámoslo una vez más: "He aquí, yo entrego de la sinagoga de Satanás a los que se dicen ser judíos y no lo son, sino que mienten; he aquí, yo haré que vengan y se postren a tus pies, y reconozcan que yo te he amado". Estos individuos que se habían propuesto seguir a Jesús con todo su corazón iban a ser recompensados públicamente. Iban a recibir una recompensa tal que incluso los falsos creyentes (los de la sinagoga de Satanás) verían el poder que tenían en Cristo. Serían elevados a tal grado, que incluso las personas influyentes de este mundo no podrían dudar de su posición y autoridad en el reino. La autoridad, cuando está fundada en Jesucristo, no tiene nada que ver con las normas de este mundo o incluso las conexiones sociales. Tiene que ver con una relación: la relación con Jesús mismo.

Esto me recuerda la historia de un perro grande y un perro pequeño, un pastor alemán y un caniche. Los dos caninos estaban junto a una puerta cerrada cuando al pastor alemán se le ocurrió una especie de concurso. Miró al caniche y le dijo:

—Tú eres solo un perrito. No puedes hacer mucho. ¡Mira qué bajito eres! Apuesto a que no llegas ni al picaporte de esta puerta. Incluso ladras muy flojo. Así que a ver quién abre esta puerta más rápido.

—Vale, pero tú eres un perro grande. Deberías ir tú primero —respondió el caniche.

El pastor alemán empezó a dar zarpazos y a morder el picaporte de la puerta, pero no podía girarla. Entonces saltó sobre la puerta en una gran lucha. Tampoco funcionó, así que agarró el picaporte con los dientes, y finalmente consiguió abrir la puerta. Tardó casi tres minutos, ¡pero lo consiguió! Luego, volvió a cerrar la puerta, miró al caniche y le dijo:

—A ver si me ganas, perrito.

El caniche se acercó confiado y tranquilo a la puerta, emitió un pequeño ladrido y apenas arañó la superficie de la puerta. Un hombre que estaba dentro, su dueño, abrió la puerta enseguida, y el caniche ganó sin siquiera levantar una pata.

Como verás, cuando sabes quién está dentro, no tienes que pasar por toda esa lucha. Si sabes quién tiene el poder de abrir la puerta, y tienes una relación cercana con esa persona, todo lo que tienes que hacer es tocar a la puerta. Y cuando esa persona es Jesús, nunca debes medirte por tu tamaño a los ojos de la sociedad. Mide siempre tu fuerza y tu poder por lo cerca que estés del Salvador. Cuanto más cerca estés de Cristo, mayor será tu acceso a la autoridad del reino que te permitirá vencer y levantarte para cumplir tu designio divino.

Jesús puede abrir las puertas que incluso los perros grandes no pueden ayudarte a abrir.

La iglesia de Filadelfia pudo experimentar esto de manera directa.

LAS RECOMPENSAS SON MUCHAS

Las recompensas de la iglesia de Filadelfia por su fidelidad incluían:

Ser levantados por encima de aquellos que tenían el dominio de la cultura. Una vez más, Jesús les dijo: "He aquí, yo entrego de la sinagoga de Satanás a los que se dicen ser judíos y no lo son, sino que mienten; he aquí, yo haré que vengan y se postren a tus pies, y reconozcan que yo te he amado".

Recibir fuerzas para los tiempos difíciles; una medida adicional de gracia para las pruebas de la vida. Una gran bendición, porque las cosas estaban a punto de ponerse serias. Y un rápido vistazo a nuestra nación y al mundo de hoy revela señales de advertencia de que las cosas están a punto de ponerse serias aquí también, ¡si ya no lo están para muchos de nosotros!

Salvarse de lo peor. En el versículo 10, Jesús dice: "Por cuanto has guardado la palabra de mi paciencia, yo también te guardaré de la hora de la prueba que ha de venir sobre el mundo entero, para probar a los que moran sobre la tierra". De modo que mientras el mundo estaba en caos y las pruebas y adversidades se habían convertido en la norma, los miembros de la iglesia de Filadelfia podían armarse de valor.

Analicemos más de cerca este último punto. No tendrían que atravesar solos la hora de la prueba. No tendrían que enfrentar las dificultades y el desconcierto solos. Mientras que muchos estarían atrapados en medio de los planes que Satanás pondría en juego, esta iglesia encontraría la salida de todo eso. Esto se debe a que Aquel que tiene las llaves es capaz de revertir lo irreversible. Puede resolver lo que no tiene solución. Incluso puede poner a tus enemigos por debajo de tus pies (Lucas 20:43).

Nada hace que Dios sea más real para ti que cuando te da una salida a lo que parecía no tener ninguna. Ver su intervención cuando parecemos haber perdido toda esperanza es una de las mejores experiencias que puedes tener. Así es como sabes que Él te está ayudando a vencer. Es cuando Él te da la fuerza que ni siquiera sabías que tenías.

NO TE RINDAS

Sin embargo, Jesús sí te pide que hagas una cosa, y leemos qué es en el versículo 11: "Retén lo que tienes". No debes rendirte. Cuando las cosas parecen difíciles y todo el infierno se desata a tu alrededor, es cuando tienes que resistir aún más que antes. Jesús viene, y en este mismo versículo también dice que vendrá pronto, pero hasta que Él venga, mantén la esperanza que tienes dentro. Mantén la fe que tienes en Él. Resiste para no tirar la toalla justo antes de la victoria que Él tiene reservada para ti.

Cuando Dios está en silencio, no es que esté quieto. Puede que no lo veas hacer nada, y tal vez te parezca que ya no hay nada qué esperar. No obstante, mantente firme, porque cuando Dios aparezca para revertir tu situación, lo hará de repente. En un instante. A menudo le gusta irrumpir para transformar una situación o una relación cuando menos te lo esperas. A Él le gusta aparecer cuando piensas que no hay manera de que tus circunstancias puedan mejorar. A menudo aparece en el momento preciso cuando crees que tu prueba nunca terminará.

Una de las razones por las que hace esto es para que no haya debate sobre quién cambió las cosas. Quedará claro que fue el cielo quien invadió la tierra para que Dios reciba la gloria que se merece.

Otra razón es que Dios quiere dejarte boquiabierto. Quiere sorprenderte. Quiere hacerte decir: "¡Increíble!". Por eso, de nuevo, Él a menudo aparece y cambia las cosas repentinamente. Por eso hay tantos versículos en las Escrituras que nos animan a esperar. La Palabra nos anima a esperar en el Señor con fe y expectativa. Él aparecerá en el momento oportuno y cambiará todo lo que sientas que te está dominando si vives conforme a los principios y los valores de su reino.

Una vez que adoptes esta perspectiva y la conviertas en tu forma de actuar, podrás vivir libre de preocupaciones y ansiedades. Podrás vivir libre del miedo a lo que otras personas puedan decir, hacer o crear para alejarte de tu propósito y tu destino. Podrás ser libre de todo eso, porque sabes quién está realmente dirigiendo este espectáculo.

Puedes saber que, aunque parezca que las personas tienen el poder, es Cristo quien tiene la autoridad. Ninguna persona tiene la última palabra en tu vida. Ninguna persona puede controlarte. Eres libre, porque Cristo, la Llave maestra, posee la llave maestra. Y mientras mantengas una relación cercana con Él en un espíritu de humildad y obediencia, tienes acceso a su autoridad, que puede revocar y revertir lo que sea que estés enfrentando.

Aunque parezca que las personas tienen el poder, es Cristo quien tiene la autoridad. Ninguna persona tiene la última palabra en tu vida.

Entiendo que el diablo te puede estar hostigando. Sé lo que se siente cuando Satanás pone un obstáculo o una situación dolorosa en tu camino una y otra vez hasta que lo único que quieres es tirar la toalla. Pero, sea lo que sea que enfrentes, si recuerdas mantener tus ojos fijos en Cristo y tu fe firme en Él, vencerás. No solo eso, sino que vencerás todo lo que intente detenerte.

LA RECOMPENSA ESPECIAL DE DIOS

En el capítulo 2, hablamos de la prioridad para ser un vencedor: poner a Dios primero en tu vida. Y, en ese mismo capítulo, vimos que Dios no es el que se aleja cuando nuestra relación con Él no es lo que debería ser, somos nosotros los que nos alejamos. No obstante, ¿sabías que Dios puede conceder una cercanía especial a Él?

La iglesia en Filadelfia experimentó la mano poderosa de Dios en su vida, y tú también puedes experimentarla. En el versículo 12, el ángel les dijo: "Al que venciere, yo lo haré columna en el templo de mi Dios, y nunca más saldrá de allí; y escribiré sobre él el nombre de mi Dios, y el nombre de la ciudad de mi Dios, la nueva Jerusalén, la cual desciende del cielo, de mi Dios, y mi nombre nuevo".

Ser una columna en el templo de Dios es ser parte de una estructura fundacional de la Iglesia de Dios. En Gálatas 2:9, Pablo llama a Pedro, Santiago y Juan columnas de la iglesia. Su trabajo y enseñanza sostuvieron a la Iglesia para que los que vinieran después de ellos tuvieran el fundamento sobre el cual edificar. En otras palabras, aquellos que vencieran la inclinación a rendirse serían recompensados con una cercanía especial a Dios. Se convertirían en sólidas incorporaciones dentro de su casa. Además, les daría un nombre único y especial. Este nombre indicaría un lugar de prominencia en la nueva Jerusalén, porque no todos son iguales en el cielo. Tu posición en el cielo depende de tu obediencia en la tierra.

Puede que tengas un foco eléctrico de 40 vatios, uno de 60 vatios, uno de 75 vatios y uno de 100 vatios. Aunque todos son focos eléctricos y emiten luz, no todos tienen la misma capacidad. Un foco eléctrico de 40 vatios no puede dar la cantidad de luz de uno de 100 vatios, porque no está preparado para generarla. Del mismo modo, todos los cristianos entrarán en el cielo solo por la fe en Cristo, pero no todos los cristianos tendrán la misma potencia una vez allí. No todos tendrán la misma experiencia, porque no todos tendrán la misma relación con Jesús. El Señor no está profundamente comprometido con muchos cristianos de forma práctica por el simple hecho de que ellos no están profundamente comprometidos en una relación con Él (Juan 2:23-25).

Jesús quiere que seas un seguidor a tiempo completo, no un santo a tiempo parcial. Él quiere ver que no lo niegues, ni desobedezcas lo que Él te ordena. Aquellos que hayan comprometido sus vidas totalmente a Cristo son los que recibirán el premio de este nombre especial y único y todo lo que este ofrece.

Nuevamente, creer en Jesucristo como tu Salvador te llevará al cielo, pero vivir como un discípulo del reino totalmente comprometido con Él permitirá que tu experiencia en el cielo sea más de lo que puedas imaginar. Lo que hagas mientras estés en la tierra, con acceso a las llaves de la autoridad del reino disponibles para ti, afectará tu experiencia en la eternidad.

De modo que mientras buscas vencer las diversas pruebas que Satanás lanza contra ti, mantén tus ojos fijos en Cristo. Mantén tu perspectiva en la agenda de su reino. Al hacerlo, no solo obtendrás acceso a la autoridad espiritual en la tierra, sino también la recompensa del reino en el cielo.

PREGUNTAS DE REFLEXIÓN

1. Describe una ocasión en la que hiciste "lo correcto" y sufriste consecuencias por ello, pero más adelante viste cómo Dios revertía las cosas.

2. ¿Qué papel desempeñan la fidelidad, la obediencia y la perseverancia para vivir como un vencedor?

3. Lee Proverbios 3:5-6: "Fíate de Jehová de todo tu corazón, y no te apoyes en tu propia prudencia. Reconócelo en todos tus caminos, y él enderezará tus veredas".

¿Qué significa para ti "reconocer" a Dios?

¿Necesitas depender de Dios más que de tu propio entendimiento en algunas áreas de tu vida? ¿En cuáles? ¿Por qué crees que esto es difícil?

4. Lee Isaías 40:29: "Él da esfuerzo al cansado, y multiplica las fuerzas al que no tiene ningunas".

¿Estás peleando una batalla que Dios quiere que le entregues para que pueda pelearla por ti? ¿Se la entregarás? ¿Qué medidas puedes tomar para demostrárselo?

5. Pide al Señor que te dé fuerzas en los momentos que estás cansado y que confirme su fuerza en ti esta misma semana de manera evidente. Si lo deseas, escribe aquí tu oración.

6. Agradece al Señor por cada puerta que te ha abierto y cada puerta que ha cerrado a los ataques del enemigo contra ti. Si lo deseas, escribe aquí tu oración.

8

REFLEJAR UN CRISTIANISMO AUTÉNTICO

LA IGLESIA DE LAODICEA

(Apocalipsis 3:14-22)

Ahora llegamos a nuestra última iglesia en la serie de los mensajes de Jesús a las iglesias en el libro de Apocalipsis: la iglesia de Laodicea.

Si Filadelfia era la iglesia cuyos miembros accedían a la autoridad del reino de Dios mediante su fe, compromiso y obediencia, Laodicea era exactamente lo opuesto. Esta iglesia puede describirse mejor como una iglesia nada auténtica compuesta por personas que están en ella por su propio beneficio. Obedecen cuando es para su propia vanagloria, pero con la misma rapidez le dan la espalda a Dios cuando no es así.

Afirmar que Jesús está decepcionado de esta iglesia sería quedarse muy corto. Esta iglesia ni fría ni caliente, compuesta de miembros tibios, hace que nuestro Señor quiera vomitar, no solo encogerse de hombros o mirar hacia otro lado con tristeza. Los miembros de esta iglesia le dan ganas de "vomitarlos". Y tampoco puede tragarlos, porque ni siquiera puede digerirlos. La reacción de Jesús al comportamiento de esta iglesia dice mucho.

Después que Jesús les comunica su mensaje: "Yo conozco tus

obras, que ni eres frío ni caliente. ¡Ojalá fueses frío o caliente! Pero por cuanto eres tibio, y no frío ni caliente, te vomitaré de mi boca" (vv. 15-16), vemos por qué se siente así (y qué les aconseja como resultado) en los versículos 17 y 18:

> Porque tú dices: Yo soy rico, y me he enriquecido, y de ninguna cosa tengo necesidad; y no sabes que tú eres un desventurado, miserable, pobre, ciego y desnudo. Por tanto, yo te aconsejo que de mí compres oro refinado en fuego, para que seas rico, y vestiduras blancas para vestirte, y que no se descubra la vergüenza de tu desnudez; y unge tus ojos con colirio, para que veas.

Laodicea era una comunidad rica con una industria financiera, algo así como el equivalente a nuestro Wall Street, una comparación que también hicimos para Éfeso. Era un centro de farmacéutica, negocios y todo lo que daba la ilusión de seguridad y éxito. Sin embargo, el reino de Dios no depende del reino de los hombres. El éxito terrenal y la riqueza no significan mucho para Dios y sus normas. Aunque no tiene nada de malo alcanzar el éxito en los negocios, siempre y cuando no convirtamos ese éxito en independencia de Dios en la iglesia, no tiene ninguna correlación directa con el éxito espiritual.

El éxito terrenal y la riqueza no significan mucho para Dios y sus normas.

Como he mencionado antes, a menudo el problema con el éxito terrenal (ya sea financiero, social, relacional, profesional o de cualquier otra índole) es que cuanto más se sube en la escala, más independiente se puede llegar a ser. Y esto puede llevar a las personas a suponer que saben más de lo que saben y a pensar que ya no necesitan depender de Dios ni de su dirección en sus vidas. Pero, cuando tus propios pensamientos se convierten en el *amén* que sustenta lo que crees en la iglesia, y no los pensamientos de Dios, estás cayendo en un terrible error.

Veamos varias formas de vida que Jesús reprobó al considerar la iglesia de Laodicea.

UNA VIDA FALSA

De todas las iglesias que hemos estudiado en estas páginas, Laodicea puede ser el reflejo más fiel de la cultura estadounidense. Con todo nuestro desarrollo, programas e iglesias multitudinarias, con demasiada frecuencia solo vivimos detrás de una fachada de lo que significa ser un cristiano genuinamente comprometido con Jesucristo. La iglesia de Laodicea tiene la apariencia externa correcta: se ven bien, hablan bien y levantan sus manos en la adoración, pero están equivocados en su motivación interna, convicción y autenticidad. Poseen riquezas, confeccionan ropa y sus hospitales progresan con las últimas técnicas y avances en medicina, pero la verdadera espiritualidad languidece en el fondo de las supuestas búsquedas materiales más importantes.

Jesús sabía todo esto, y lo que sabía le revolvió el estómago.

El principal problema es que esta iglesia crece hacia dentro. Están más centrados en sí mismos que en el reino de Dios. Están más centrados en obtener beneficios que en vivir como una voz profética en medio de la cultura. Utilizan la religión cuando les conviene, pero solo cuando les conviene. En cierto sentido, están utilizando a Dios mismo. Le preguntan: "¿Qué has hecho últimamente por nosotros?", en lugar de preguntarle "¿Qué harás a través de nosotros por los demás?".

Jesús no tiene pelos en la lengua para decir cómo se siente. Tampoco se anda con rodeos sobre cómo son en realidad. Y los describe como un individuo "desventurado, miserable, pobre, ciego y desnudo". Aunque en el mundo su nombre está escrito en letras de molde para que todos lo vean, Dios no los llama así.

Estoy seguro de que algunos de ustedes, como yo, han estado en el parque de los Estudios Universales o en un parque temático similar donde se pueden recorrer parcelas que parecen manzanas de ciudades reales. Una vez, cuando llevé a mi difunta esposa, Lois, y a nuestros hijos a ese parque, todos nos maravillamos de lo real que parecía todo. Pero, cuando el guía dobló una de las esquinas y nos llevó a la parte trasera de las calles, vimos que no había nada allí. Las fachadas de los edificios no albergaban nada en su interior. De hecho, no había ningún edificio, solo fachadas de madera pintadas para que parecieran reales.

Algunos de los pueblos que recorrimos aquel día eran lugares donde cineastas habían creado películas famosas. Sin embargo, como ocurre en ocasiones con una hamburguesa bien hecha por fuera, una vez que nos asomamos al interior, descubrimos que todo estaba crudo y mal preparado. Nada vivía ni prosperaba realmente en esas falsas calles de la ciudad. Todo era fingido.

Es fácil crear un camuflaje espiritual que haga parecer que está ocurriendo algo profundo, pero Dios puede ver a través de la fachada. Puede mirar dentro y descubrir que no está sucediendo nada.

Es fácil crear un camuflaje espiritual que haga parecer que está ocurriendo algo profundo, pero Dios puede ver a través de la fachada.

Laodicea estaba situada aproximadamente a 75 km al sureste de Filadelfia. Además de ser la capital de la riqueza del mundo conocido, era el centro de la moda. En Nueva York, nos referiríamos a esto como el distrito de la moda. Allí acudían las clases acomodadas a adquirir las últimas tendencias y los tejidos más lujosos. Esta ciudad conocida por las finanzas, la moda y la industria farmacéutica tenía una excelente reputación. Era una de las ciudades ideales para la lista de viajes de cualquier persona de aquella época.

Quizás por eso, cuando Jesús decide dirigirse a ellos a través de un ángel, comienza por recordarles quién es Él: "He aquí el Amén, el testigo fiel y verdadero, el principio de la creación de Dios" (Apocalipsis 3:14). Antes de decir nada más, quiere que sepan que Él es el principio de la creación de la que ahora disfrutan. Es el iniciador de todo lo que sienten que han producido o inventado. Quiere recordarles que a Él no le importa lo que tengan que decir sobre un tema o cuántos conocimientos hayan adquirido, porque como el Creador, ya lo sabe todo. Tiene la palabra final sobre todas las cosas.

En otras palabras, les dice: "Escuchen lo que les digo ahora". Luego procede a señalarles lo que ve en sus actitudes y acciones. No son ni fríos ni calientes. No son ni lo uno ni lo otro. Han encontrado un término medio en el que pueden disfrutar de los beneficios de ambos mundos, pero su tibieza también los ha llevado al turbio término medio conocido como tolerancia, es decir, aceptación del pecado.

Para entender por qué Él les estaba enfatizando eso, tenemos que considerar la ubicación única de Laodicea. A un lado de Laodicea estaba la ciudad de Hierápolis. Hierápolis era como la ciudad de Hot Springs en Arkansas. Las aguas allí se calentaban naturalmente y brindaba un lugar donde la gente podía ir para obtener propiedades curativas y renovadoras. Esa agua caliente, llena de minerales necesarios para el cuerpo, fluía hacia Laodicea.

Sin embargo, al otro lado de Laodicea se encontraba la ciudad de Colosas. El apóstol Pablo escribió allí una carta a la iglesia, que más tarde se convirtió en el libro de Colosenses del Nuevo Testamento. De aquella región montañosa bajaban aguas frías que desembocaban directamente en Laodicea. Las aguas frías también ofrecen propiedades curativas a la anatomía humana. No obstante, cuando el agua caliente de Hierápolis se unía al agua fría de Colosas, se fundía en una temperatura tibia en Laodicea.

Jesús utilizó esta realidad geográfica conocida en ese entonces para expresar una verdad espiritual que operaba en la Comunidad Bíblica de Laodicea. Señaló que no tenían ni las propiedades curativas del agua caliente ni las propiedades curativas del agua fría, y que eran más bien intrascendentes en su condición actual de tibios.

Otra forma de ver los beneficios del agua fría y el agua caliente es a través de la inmediatez de la sed. En un caluroso día de verano, cualquiera puede apreciar un buen vaso de agua fría. (Si estás en Texas, donde yo vivo, esa agua fría se transforma en un delicioso té dulce). O, en un frío día de invierno, puedes convertir esa agua en algo caliente, como uno de mis favoritos, el chocolate caliente. No hay mucha gente que pida un vaso de té dulce tibio en un día caluroso o una taza de chocolate "caliente" tibio en un día frío.

De hecho, alguien que toma una bebida tibia suele poner cara de "No está bastante caliente" o "No está bastante fría", y la dejan a un lado. Sin embargo, Jesús no dice que quiere hacer a un lado a los de la iglesia de Laodicea. Dice que le dan ganas de escupirlos. En otras palabras, les comunica que son inaceptables. Su estado de estancamiento espiritual, que oscila entre el compromiso cristiano y los beneficios terrenales, es inservible, poco espiritual e inaceptable.

Jesús incluso dice que escuchar sus cánticos de alabanza le da ganas de regurgitar. Sus sermones le dan ganas de vomitar. Sus "amenes" le dan ganas de escupirlos. Su condición espiritual es un reflejo de su ubicación geográfica y, como resultado, han sucumbido a la indiferencia y la complacencia.

UNA VIDA COMPLACIENTE

Una de las formas en que la iglesia de Laodicea se vuelve complaciente es en su propia seguridad de sus riquezas. Porque son ricos, sienten que no tienen necesidad. Se consideran autosuficientes, independientes. Ven su trabajo como su recurso en vez de reconocer que el Creador de todo es su Recurso. Por consiguiente, van a la iglesia por obligación en lugar de cultivar una relación con el Señor. Ya no sienten que lo necesitan, entonces intentan aplacarlo, y la impresión que dan es la de una religión sin el contenido que debería tener.

Sin embargo, el dinero en la cartera nunca es un indicador del tamaño de la cuenta bancaria. En nuestra cultura actual, también hemos caído en la falsa teología que indica que, si tienes posesiones, debes estar bendecido. Si tienes el mejor trabajo o la mejor oficina o la mejor casa, Dios debe haberte bendecido. Cuando, en realidad, las posesiones y el dinero con frecuencia pueden indicar un distanciamiento de Dios, no una cercanía. Es posible vivir una vida financiera bendecida mientras se está cerca de Dios, pero a menudo no es el caso. Cuanto más autosuficiente se siente una persona, menos se da cuenta de lo dependiente que es de Dios. Todos dependemos de Dios en cada momento. Dependemos de Él en cada latido de nuestro corazón y en cada respiración. Pero es más fácil olvidarlo cuando las cosas buenas nos resultan fáciles.

Todos dependemos de Dios en cada momento... Sin embargo, es más fácil olvidarlo cuando las cosas buenas nos resultan fáciles.

Recientemente, estaba dando una conferencia de nuestro ministerio cuando, durante nuestro tiempo abierto de preguntas y respuestas, uno de los asistentes hizo una pregunta interesante relacionada con este tema. Era *quarterback* titular de un equipo de la NFL, lo que hizo que su pregunta me resultara aún más interesante. Preguntó cómo podemos mantener el fervor y la pasión espiritual, así como el deseo de crecer, en las temporadas de bonanza en nuestra vida.

Inmediatamente pensé en que los equipos de fútbol americano que ganan grandes competiciones, como el Super Tazón, la mayoría de las veces no vuelven a ganar al año siguiente. En nuestro capítulo sobre la iglesia de Sardis, mencioné que los campeonatos consecutivos rara vez se ganan porque el éxito tiende a engendrar complacencia. La motivación que impulsa a los jugadores a trabajar duro por muchas horas para ganar suele estar arraigada en el deseo de conseguir el campeonato. Una vez que han llegado a la cima, el trabajo duro es más difícil de realizar.

Del mismo modo, cuando las cosas van bien para un creyente, puede resultar más difícil buscar el crecimiento espiritual. Esto se debe a que lo que a menudo impulsa el crecimiento espiritual son las dificultades, las pruebas y los desafíos. A medida que buscamos dar sentido a las dificultades que nos rodean, tenemos más conciencia de nuestra necesidad de caminar cerca de Dios y permanecer humildes en obediencia a Él. Sin embargo, cuando la cuenta bancaria está llena y nuestra vida está libre de necesidades o problemas de salud, nuestra satisfacción con lo que estamos viviendo en realidad puede hacer que relajemos cualquier esfuerzo hacia el crecimiento espiritual.

Lo que a menudo impulsa el crecimiento espiritual son las dificultades, las pruebas y los desafíos.

Respondí a la pregunta de este hombre con dos énfasis. En primer lugar, le expliqué que la vida espiritual está en constante movimiento. Nunca se estanca. Por lo tanto, si no estás creciendo, estás retrocediendo. Si no te estás desarrollando espiritualmente, estás decreciendo. Entonces, debido a esto, conformarse con el crecimiento nunca debe ser una opción, porque como en el fútbol, ceder terreno nunca es una buena opción.

En segundo lugar, la gratitud es también un motivador para el crecimiento. Cuando estás agradecido por todo lo que tienes y todo lo que Dios ha hecho por ti, puedes descubrir una mayor motivación para seguir desarrollando tus músculos espirituales. La complacencia carece de un espíritu de agradecimiento. La complacencia habla de una actitud pretenciosa. Sin embargo, un corazón agradecido siempre llevará a una persona a buscar maneras de expresar su gratitud a Dios y eso conducirá a un mayor crecimiento espiritual.

UNA VIDA DE CEGUERA ESPIRITUAL

Jesús comienza por recordar a los miembros de la iglesia de Laodicea que el éxito terrenal (para nosotros puede ser tener mucho dinero en una cuenta bancaria, más automóviles de los que necesitamos, la mejor ropa, etc.) puede camuflar la necesidad de crecimiento espiritual. De hecho, señala que el éxito terrenal a menudo solo significa que la persona es un terrible fracaso espiritual. Aunque todos los demás piensen que esa persona ha triunfado o es exitoso, lo que más importa es lo que Dios piensa.

A Dios no le importan las cuentas bancarias, la ropa de alta costura ni nada de lo que el mundo tiende a exaltar. Él no mide el éxito de una iglesia por el número de asientos que llena o por el éxito de su música de alabanza. Dios mira el nivel de autenticidad cuando mide la temperatura espiritual de una iglesia o de una persona. Ninguna otra cosa importa.

Un aspecto de la industria farmacéutica de Laodicea incluía métodos para mejorar la vista. Para la época, estaban bien versados en la tecnología de lentes, así como en bálsamos para los ojos. Aún así, Jesús dijo que, aunque podían ver las cosas claramente con sus lentes y ungüentos costosos, espiritualmente estaban ciegos. Nada de lo que creían ver era real. Estaban viviendo en un mundo de sueños, porque eran incapaces de ver lo que realmente estaba sucediendo. Eran incapaces de ver lo mal que estaban ellos y el mundo a su alrededor.

Es malo ser ciego, pero es aún peor ser ciego y no saber que lo eres. Es malo estar desnudo, pero es aún peor estar desnudo y no saber que lo estás. Es malo estar arruinado, pero es aún peor estar arruinado y no saber qué tan arruinado estás realmente. Es malo ser pobre espiritualmente, pero es aún peor ser pobre espiritualmente y no saberlo. Eso es lo que Jesús quiso decir a los cristianos de Laodicea. No se daban cuenta de lo mal que estaban realmente.

Es malo ser ciego, pero es aún peor ser ciego y no saber que lo eres.

Según los profesionales de la salud mental, algunas enfermedades mentales son relativamente fáciles de tratar. No obstante, algunas cosas son casi imposibles de tratar porque parte de la enfermedad es no tener conciencia de que se padece de esa enfermedad. Son incapaces de reconocer que tienen un problema y lo proyectan en los demás. Les echan la culpa. Los terapeutas dicen que les cuesta más ayudar a estos pacientes a mejorar su salud mental, por el solo hecho de que la consciencia forma parte del proceso de sanidad.

Los de la iglesia de Laodicea no sabían que tenían un problema. Pensaban que tenían todas las áreas de su vida bajo control y en orden, incluida su vida espiritual. Por ello, Jesús quería vomitarlos de su boca. Hablarles racionalmente no los ayudaría. Darles pasos prácticos para el crecimiento espiritual no los ayudaría. Cuando alguien no es consciente de que necesita ayuda, es casi imposible ayudarlo.

De adolescente trabajé como socorrista en la playa. Parte de ese trabajo consistía en ayudar a las personas que habían nadado más lejos de lo debido. Cuando veía a alguien que luchaba y empezaba a hundirse, nadaba inmediatamente para llevarlo a la orilla. Mi respuesta era inmediata porque sabía que cuanto más rápido llegara hasta esa persona, menos se resistiría. Cuando un nadador se hunde por completo, su mente racional comienza a apagarse para dar lugar a su instinto de supervivencia, por lo que suele ser más difícil salvarlo. Se agitan con tanta violencia que el socorrista también corre peligro. Muchas personas han perdido la vida mientras trataban de salvar a alguien que había llegado al punto en que ya no podía comprender que su única esperanza era aceptar ayuda, y por ello no respondió a la ayuda que se le ofrecía.

La iglesia en Laodicea había llegado al punto en que ya no podían comprender que necesitaban ayuda espiritual. Ya estaban bajo el agua, y Jesús sabía que ya no podrían reconocer todos sus intentos de ayudarlos. Por eso fue directo al grano en su mensaje. No los elogió por las buenas cosas que hacían; les habló de su tolerancia. Les comunicó que Él no jugaba a ningún juego espiritual, y mientras que el mundo podría mirarlos y llamarlos exitosos en su vida espiritual, Él no. Él sabía que les faltaba compromiso, dedicación y verdadero amor por Él.

La iglesia se había convertido en un espectáculo, no en un lugar para adorar a Dios. Venían por la actuación del coro, la oratoria del predicador y el encanto del ambiente para hacer alarde y satisfacer al público. Eran como un hermoso automóvil sin motor en la sala de exposición de un concesionario. Tenían la apariencia, pero carecían de la realidad que los respaldaba.

Es como el hombre que llega a una gasolinera y pide al empleado que le limpie el parabrisas. Cuando el empleado termina de limpiarlo, el hombre le dice que ha hecho un mal trabajo. Luego, el empleado vuelve a limpiar el parabrisas, pero el conductor sigue inconforme. Entonces, la mujer del hombre se acerca para quitarle los lentes, los limpia y se los vuelve a colocar. El problema no era el estado del parabrisas, sino la suciedad de sus lentes.

Laodicea se había convertido en un lugar que permitía a los creyentes usar lentes sucios, pero aun así culpar a otros por sus errores. Se les permitía vivir proyectando en otros sus propios pecados y errores sin que nunca los trataran en su vida personal. Eran tibios, contentos de vivir sin ninguna responsabilidad espiritual personal.

EL CONSEJO DE JESÚS

El consejo de Jesús a esta iglesia fue tan directo como su denuncia. Veámoslo de nuevo:

> Por tanto, yo te aconsejo que de mí compres oro refinado en fuego, para que seas rico, y vestiduras blancas para vestirte, y que no se descubra la vergüenza de tu desnudez; y unge tus ojos con colirio, para que veas (Apocalipsis 3:18).

Les aconsejó que le compraran oro, vestiduras blancas para vestir su desnudez y colirio para que pudieran ver lo que necesitaban ver. En esencia, les dijo que no miraran sus propios recursos en el área de las finanzas, la moda y los productos farmacéuticos, sino a Él. Les informó que Él era el único que realmente podía darles lo que necesitaban. Todas las demás cosas que habían acumulado conforme a los caminos y los medios del mundo eran falsas.

La verdadera riqueza, belleza y salud tienen sus raíces directamente en Dios como Fuente.

La verdadera riqueza, belleza y salud tienen sus raíces directamente en Dios como Fuente. A menos que lo espiritual esté al frente de la vida de cada persona y se convierta en la norma para cada área de su vida, está llevando una vida falsa: la primera forma de vida que vimos en este capítulo. ¿Y no te recuerda eso a nuestra cultura actual? Hay tantas cosas falsas que ya es difícil saber lo que es real. Tenemos pestañas falsas, comida falsa, decoración falsa y, lo que es peor, noticias falsas, currículos falsos y valores falsos, por nombrar solo algunas cosas. De hecho, muchas de nuestras iglesias son falsas en el sentido de que no están realmente afirmadas sobre el fundamento de los valores y la verdad del reino de Dios.

Estamos viviendo días de profunda decepción tanto individual como colectiva, todo mientras llevamos a cabo servicios semanales de la iglesia en el nombre de nuestro Salvador. Sin embargo, en su mensaje a la iglesia de Laodicea, Jesús nos advierte que a menos que lo espiritual sea nuestra norma para todo lo demás, nosotros, como los miembros de la iglesia de Laodicea, somos falsos.

¿Sabes cómo determina un orfebre que el oro que está purificando está listo? Cuando puede ver su reflejo en él. Del mismo modo, hasta que Jesús pueda ver su reflejo en nosotros como sus seguidores, tenemos demasiadas manchas del mundo que están contaminando nuestro espíritu.

Por eso necesitamos estar cerca de la Palabra de Dios y cerca de personas que valoren la Palabra de Dios y nos den la perspectiva de Cristo si nosotros mismos carecemos de ella. Necesitamos rodearnos de lo que refuerza la verdad de Dios en todo lo que hacemos. Ya sea que escuchemos pódcasts o sermones o que busquemos amigos que realmente conozcan y estudien la Palabra de Dios, necesitamos priorizar la entrada de la verdad en nuestras vidas. Especialmente porque vivimos en una época en la que la cantidad de mentiras culturales es cada vez mayor, y es cada vez más difícil discernir lo que es real y lo que es falso, lo que es verdad y lo que es mentira.

Ahora más que nunca necesitamos prestar atención al consejo que Jesús dio a la iglesia de Laodicea. Necesitamos "comprar" de Cristo lo que sea para nuestra estabilidad financiera, nuestra salud, incluso nuestra ropa. Debemos empezar por Él para todas las cosas, ya sea para comprender la política, para saber cómo llevar adelante nuestras relaciones, para vivir una vida recatada y moral, o cualquier otra cosa. Nunca bases tus creencias en lo que dicen los expertos. Empieza por Cristo, porque Él es la norma por la que nosotros, como sus seguidores, debemos regirnos.

Veamos algunas otras realidades que nos enseña este mensaje de Jesús.

TENEMOS QUE ESPERAR LA DISCIPLINA DEL SEÑOR

Jesús explicó a los laodicenses, y también a nosotros a través de su mensaje a ellos, que Él reprende y disciplina a los que ama. Si sientes que estás bajo cualquier forma de disciplina espiritual, recuerda Apocalipsis 3:19, donde Jesús dice a la iglesia de Laodicea: "Yo reprendo y castigo a todos los que amo". Dios adopta medidas correctivas ya sea que tengan que ver con finanzas, salud, bienestar material o cualquier otra cosa.

Dios también traerá disciplina a nuestra vida para llamarnos la atención. Por lo tanto, si enfrentas una situación que parece que no puedes superar, pregúntate si puede deberse a que tu vida se parece demasiado a la iglesia de Laodicea. ¿Te has vuelto demasiado autosuficiente en tu vida cotidiana? ¿Te has vuelto tan dependiente de tu cuenta bancaria, tu carrera o tus relaciones que Dios ha quedado relegado?

Si es así, puede que estés enfrentando algo que no puedes vencer por ti mismo y por eso Dios está tratando de atraerte de nuevo hacia Él. Dios está permitiendo que enfrentes esa situación difícil para que descubras tu necesidad de su mano en tu vida. En lugar de abandonarte por completo, Dios te disciplina pacientemente para acercarte a Él, enseñarte, guiarte y recordarte lo que más importa.

No hace mucho filmé uno de mis videos de estudio bíblico en un depósito de chatarra, un lugar conocido como el "castillo de la chatarra" en Austin, Texas. Me maravillé al caminar entre los montones de todo tipo de objetos desechados, que el dueño había transformado en diversas creaciones en un esfuerzo por redimir algo de lo que la gente había descartado. Visitar cualquier chatarrería debería recordarnos dónde acaban nuestras cosas. Por mucho que hayamos pagado por un reloj, un traje, un auto o unos muebles, lo más probable es que algún día acaben convertidos en chatarra. Así son las cosas.

Por eso es tan importante tener una visión correcta de las cosas. Puedes apreciarlas, pero no las idolatres. No pongas esas cosas, o su adquisición, por encima de tu visión de Dios. Esa es la definición de un ídolo. Cualquier cosa que usurpe el legítimo gobierno o prominencia de Dios en tu vida es un ídolo. No necesitas inclinarte ante él o cantar algo en su presencia para que sea un ídolo. Solo con valorarlo más de lo que valoras a Dios, ya tienes a tu ídolo.

Cualquier cosa que usurpe el legítimo gobierno o prominencia de Dios en tu vida es un ídolo.

La iglesia de Laodicea había hecho ídolos de muchas cosas materiales, muy similar a lo que vivimos en nuestra nación hoy. Sin embargo, esa es una manera peligrosa de vivir, porque este mundo y sus bienes físicos son todos temporales. Nada dura para siempre; no puede durar debido a la naturaleza de nuestro mundo. La riqueza desaparece. La ropa se rompe o se desgasta. Incluso la salud se deteriora con el tiempo. Por ello es tan importante vivir con una perspectiva espiritual que te permita ver este mundo y todo lo que hay en él con una óptica eterna. Una perspectiva eterna es esencial para saber cómo manejar las cosas materiales de este orden mundial.

TENEMOS QUE ENTENDER QUE JESÚS ESTÁ LLAMANDO A LA PUERTA

Los cristianos que no están absolutamente comprometidos con Dios y la agenda de su reino (aquellos que solo quieren un poco de religión para ayudar a compensar su mundanalidad, como cuando compensamos con beber una bebida dietética al comer pizza), se han hecho ciegos y sordos a la voz de Dios. Se han aislado de la invitación de Jesús a tener una estrecha comunión con Él. Vemos esto en la siguiente parte de su mensaje a esta iglesia (Apocalipsis 3:20): "He aquí, yo estoy a la puerta y llamo; si alguno oye mi voz y abre la puerta, entraré a él, y cenaré con él, y él conmigo".

Jesús está a la puerta de nuestros corazones y llama esperando entrar, pero no machaquea ni golpea fuerte la puerta. Es un golpe suave que fácilmente puedes pasar por alto si estás viviendo una vida cristiana tibia. Si decides no priorizar tu relación con Dios, puedes no escuchar en absoluto su llamado.

Muchos de los problemas que enfrentan los cristianos surgen porque no escuchan el susurro de Dios o el suave toque a la puerta de su corazón. Están demasiado ocupados mientras salen de compras o se toman selfis. Están demasiado ocupados en publicar sus vidas y opinión en las redes sociales. Están demasiado ocupados en buscar reconocimiento o mostrar a los demás lo espirituales que son. Y demasiadas iglesias han convertido la comunión con Jesús en algo que pocos pueden experimentar, porque, en general, han convertido la religión en entretenimiento o en un símbolo de estatus social. Mientras tanto, Jesús está llamando a los corazones de los suyos.

Jesús llama porque quiere tener comunión con aquellos que desean tener comunión con Él.

Jesús no va a abrir la puerta por sí mismo, aunque podría hacerlo si quisiera. Jesús llama porque quiere tener comunión con aquellos que desean tener comunión con Él. Jesús no pondrá a la fuerza su amor o su presencia en nadie. Él entra solo por invitación. Cada uno primero debe darle la bienvenida, porque Él no irá donde no lo quieran, ya sea en el cuerpo de la iglesia o en la vida de un individuo. Si no lo quieren, en función del libre albedrío, los dejará vivir la vida sin Él.

No obstante, cualquiera que escuche su voz y abra la puerta cenará con Él. Por lo general, cenar implica compañerismo. Si le pides a alguien que almuerce contigo, rara vez es porque solo quieres algo de comer. Más bien, la comida es el telón de fondo del compañerismo. Lo que estás planteando es hablar y pasar tiempo con esa persona mientras comen. Cuando Jesús dice que entrará y cenará contigo, se está refiriendo a una comunión íntima. Se está refiriendo a llegar a conocerte y que tú llegues a conocerlo más. No se trata de la comida; se trata de la comunión con Él.

Y esta comunión te proporciona lo que necesitas para vencer. Como Jesús dice a la iglesia de Laodicea en el versículo 21: "Al que venciere, le daré que se siente conmigo en mi trono, así como yo he vencido, y me he sentado con mi Padre en su trono". Es decir, el que venza la muerte espiritual, así como Cristo venció la muerte física.

TENEMOS QUE VENCER LAS ARGUCIAS DE SATANÁS

La iglesia de Laodicea tenía mucha responsabilidad por su vida inaceptable, pero seamos sinceros: Satanás tuvo que ver en su caída. Sin embargo, no sirve de nada culpar de todo a Satanás y sus argucias. Dios no cree sus mentiras, y nosotros tampoco deberíamos. Nosotros también somos responsables de nuestras faltas.

La buena noticia es que Jesús nos da la oportunidad de vencer las estratagemas del diablo, como hizo Él. Satanás tentó a nuestro Señor tres veces, como se nos narra en Mateo 4:1-11. Lo tentó para que convirtiera las piedras en pan cuando tuvo hambre; lo tentó para que saltara del pináculo de un edificio y después llamara a los ángeles para que lo sostuvieran, y lo tentó para que lo adorara a cambio de todos los reinos de la tierra. Jesús respondió de inmediato a Satanás y le ordenó que se apartara de Él, con una referencia a la Palabra de Dios para refutar cada una de sus tentaciones.

No solo eso, sino que Satanás trató de derrotar indirectamente a Jesús en la cruz. Antes de ser crucificado, Jesús (totalmente Dios, pero también totalmente hombre) estaba físicamente cansado y hambriento, así como emocionalmente agotado por la traición de muchos, en particular de Judas. Lucas 22:3 señala que Satanás entró en Judas. No obstante, el Hijo honró al Padre al ir a la cruz, a pesar de haber preguntado si había otra manera de cumplir la voluntad de Dios (Mateo 26:39).

Jesús venció a Satanás y sus ardides por dominarlo. Permaneció firme porque permaneció aferrado a la verdad de la Palabra, su relación con Dios y su voluntad. Tú y yo podemos vencer las argucias de Satanás de la misma manera, siempre y cuando permanezcamos aferrados a la verdad de la Palabra de Dios y su presencia en nuestras vidas. Sin embargo, no podremos vencer a Satanás a través de la religión. No puedes jugar al cristianismo y vencer las artimañas del diablo. Las opciones espirituales tibias no te llevarán a ninguna parte. Solo cuando estás totalmente comprometido con Cristo tienes acceso a su poder para vencer en tu vida junto con la autoridad y la posición de gobernar junto a Él en su reino milenario venidero.

Ahora bien, eso no significa que nunca serás perfecto, sino que cuando peques, reconocerás lo que has hecho como pecado y te arrepentirás. No solo actuarás como un seguidor de Jesús. Lo vivirás en todo lo que pienses, digas y hagas. Esa es la clave para vivir como un vencedor, el fundamento que establecimos en el capítulo 1. Como mencioné entonces, aprovechar la providencia divina a través del poder y la persona de su Hijo, Jesucristo, es la clave para ser un vencedor: una persona victoriosa, no una víctima.

Así que mantente cerca de Jesús, sometido a su autoridad y aferrado a su Palabra. Cuando lo hagas, podrás vencer todas dificultades que enfrentes.

PREGUNTAS DE REFLEXIÓN

1. Describe cómo nuestra cultura cristiana contemporánea refleja a la iglesia de Laodicea.

2. ¿Qué papel desempeñan el sacrificio personal y la autenticidad para vivir como un vencedor?

3. ¿Alguna vez has traído el éxito secular a la iglesia y te has apoyado en él en vez de apoyarte en Dios? Menciona alguna forma de equilibrar el éxito secular y la dependencia espiritual.

4. Lee Hechos 2:44-45: "Todos los que habían creído estaban juntos, y tenían en común todas las cosas; y vendían sus propiedades y sus bienes, y lo repartían a todos según la necesidad de cada uno".

   ¿Dar de lo que te sobra es lo mismo que dar de tus posesiones personales? Explícate.

   ¿De qué manera te esfuerzas por satisfacer las necesidades de los que te rodean?

5. Lee Lucas 14:33: "Así, pues, cualquiera de vosotros que no renuncia a todo lo que posee, no puede ser mi discípulo".

   ¿Qué quiere decir Jesús en Lucas 14:33?

¿Qué piensas sobre tus posesiones personales?

6. ¿De qué manera puedes cambiar tu manera de pensar, tu actitud y tus decisiones para reflejar mejor el espíritu de abnegación que Cristo pide a sus seguidores?

7. Repasa Lucas 9:24: "Porque todo el que quiera salvar su vida, la perderá; y todo el que pierda su vida por causa de mí, este la salvará".

   ¿Estás dispuesto a renunciar a tus ambiciones y deseos personales para entregarle todo a Dios? ¿Cómo lo harás? Intenta ser concreto.

   ¿Cómo puedes incrementar tu nivel de abnegación por Dios?

   ¿Por qué es importante tener una perspectiva eterna cuando se trata de un sacrificio temporal?

PARTE 3

DECISIONES QUE TOMAR

Para vencer todas las dificultades que enfrentamos como cristianos, debemos tomar algunas decisiones claras y decisivas. Hemos abordado varias, pero en la última parte de este libro, veremos tres de esas decisiones con más detalle: buscar el poder de Dios contra Satanás, vivir como un vencedor en todas las cosas y, quizás lo más importante de todo, buscar una vida piadosa y crecer en la piedad. Como verás, la piedad es nuestra asignación como cristianos. La búsqueda de la piedad es el fundamento de nuestra vida cristiana mientras estemos en esta tierra, y crecer en la piedad es el camino a la vida abundante en Cristo.

¿Listo para elegir lo mejor para Dios en estas áreas? Comencemos.

9

BUSCAR EL PODER PARA LA BATALLA ESPIRITUAL

En un caluroso día de junio de 1963, el gobernador de Alabama, George Wallace, se plantó frente a un edificio de la Universidad de Alabama con el objetivo de negar a los estudiantes negros la oportunidad de asistir a esa universidad. Se mantuvo firme y con determinación. Estaba decidido. Y creía que ese día, y todos los días, tendría una victoria decisiva. Lo sabemos por la conocida declaración que hizo en su discurso inaugural: "Segregación ahora, segregación mañana, segregación para siempre".

Ahora gozaba de la autoridad de su cargo de gobernador. En el poder de esa función, trató de afianzar una desigualdad ilegítima e histórica aún más profunda en las venas de nuestra nación.

Pocas cosas harían cambiar de opinión a Wallace ese día, excepto un hombre que tenía más autoridad. Cuando el presidente John F. Kennedy se enteró de lo que George Wallace estaba haciendo para impedir ilegítimamente (incluso literalmente) que los estudiantes negros entraran a la universidad, envió cien soldados a Tuscaloosa con la orden de invalidar lo que el gobernador afirmaba que era legal. El presidente procedió a abolir y derrotar una ley injusta que se había arraigado durante demasiado tiempo.

El gobernador tenía el poder de supervisar una fuerza policial que podía infligir un gran dolor a miles de personas. Sin embargo, el gobernador no poseía la máxima autoridad necesaria para sostener su postura en el ámbito legal. Al final, Wallace tuvo que hacerse a un lado y dejar entrar a los estudiantes, porque alguien pasó por encima de su pretensión.

El maligno se ha plantado en la puerta de cada una de nuestras vidas en más de una ocasión. Se mantiene firme y determinado. Está decidido. Y lo único que quiere es impedir que entres y accedas a todo lo que la vida espiritual arraigada en Jesucristo tiene para ofrecerte. El diablo sabe que, una vez que obtengas acceso a la autoridad del reino y una vez que aprendas a aplicarla en tu propia vida, serás libre. Serás libre para vivir plenamente tu destino.

De modo que Satanás busca intimidarte para que te sometas. Trata de engañarte para que le obedezcas. Busca alejarte de Jesús a través de la distracción, el entretenimiento, la complacencia o la riqueza. Hemos leído ejemplos de las distintas maneras en que el diablo intimida y oprime a los seguidores de Jesús al estudiar su mensaje a las siete iglesias en el libro de Apocalipsis.

Satanás busca intimidarte para que te sometas. Trata de engañarte para que le obedezcas.

Ninguna iglesia de las siete representa por completo a una nación o individuo. De hecho, todos pasamos por épocas de crecimiento espiritual en las que podemos parecernos más a una de las iglesias que a las otras. Y luego, a medida que pasa el tiempo, podemos parecernos a una totalmente diferente. Dios nos dio los siete ejemplos para nuestra instrucción y aprendizaje a fin de que podamos tomar conciencia e identificar lo que necesitamos hacer para vivir como vencedores.

Satanás no quiere nada más que impedir el propósito de Dios en tu vida. Quiere detener el diseño predestinado de Dios para tu vida. Quiere evitar que experimentes la vida cristiana abundante. Y, para hacerlo, se planta en la puerta de tu existencia para asegurarse de que no puedas cumplir tu destino espiritual.

No obstante, como sabes por el contenido desafiante que hemos examinado con respecto a las iglesias de Apocalipsis, la buena noticia es que puedes silenciar a Satanás. Puedes hacer que el maligno se haga a un lado y te deje pasar. Cualquiera que sea el grado de estragos que el diablo esté trayendo a tu vida, Dios ha ideado un mecanismo legal para evitar que te impida vivir en victoria como un vencedor.

En la Parte 2 de este libro, no solo leímos y estudiamos las iglesias del libro de Apocalipsis, sino que también vimos Apocalipsis 12 para tener una breve introducción sobre cómo ser vencedores. Ahora quiero ahondar más sobre el tema y echar un vistazo más detenido a este pasaje, porque lo que encontramos allí es profundo. Es el punto de inflexión entre vivir como un vencedor o vivir con una mentalidad de víctima perpetua. Y ofrece una declaración sorprendente sobre la batalla en el cielo. Al asomarnos detrás de la cortina cósmica, mientras leemos este capítulo, descubrimos los conflictos angélicos que tienen lugar en el reino celestial y cómo nos afectan aquí en la tierra.

Como recordatorio, Apocalipsis 12 lo describe así:

> Después hubo una gran batalla en el cielo: Miguel y sus ángeles luchaban contra el dragón; y luchaban el dragón y sus ángeles; pero no prevalecieron, ni se halló ya lugar para ellos en el cielo. Y fue lanzado fuera el gran dragón, la serpiente antigua, que se llama diablo y Satanás, el cual engaña al mundo entero; fue arrojado a la tierra, y sus ángeles fueron arrojados con él. Entonces oí una gran voz en el cielo, que decía: Ahora ha venido la salvación, el poder, y el reino de nuestro Dios, y la autoridad de su Cristo; porque

> ha sido lanzado fuera el acusador de nuestros hermanos, el que los acusaba delante de nuestro Dios día y noche. Y ellos le han vencido por medio de la sangre del Cordero y de la palabra del testimonio de ellos, y menospreciaron sus vidas hasta la muerte. Por lo cual alegraos, cielos, y los que moráis en ellos. ¡Ay de los moradores de la tierra y del mar! porque el diablo ha descendido a vosotros con gran ira, sabiendo que tiene poco tiempo (vv. 7-12).

Este pasaje, y todo el capítulo si lo lees detenidamente, ofrece un excelente contexto de lo que yo llamo el *choque de los reinos*. Se trata de una batalla espiritual entre el bien y el mal. Incluso antes de la caída de Adán en el huerto cuando cometió el primer pecado, Satanás fue expulsado del cielo y enviado a la tierra. Y, desde la caída, todo el infierno se ha desatado aquí en la tierra. Sin embargo, Satanás todavía tiene acceso al reino celestial, por eso se sigue librando una batalla espiritual. El dragón, también conocido como el diablo, es nuestro adversario, y es libre de crear caos en la tierra. También es libre de hablar sobre ese caos basado en el permiso que le damos con nuestras palabras y acciones impías.

Por ello, para ser un vencedor, debemos buscar el poder para la batalla espiritual: el poder de Dios.

FRENTE AL ENGAÑO DE SATANÁS

Como hemos visto a lo largo de este libro, el objetivo de Satanás es impedir que hagamos realidad todo lo que Dios ha diseñado para nuestras vidas. Una de las principales formas de hacerlo es a través del engaño. Uno de sus principales objetivos es engañar a todos en la tierra. Por eso hay tanta confusión y desinformación en todas partes. Satanás ha estado revolviendo la olla del engaño y la ha calentado hasta el punto de hervor. Todos en la tierra están sujetos a este engaño regularmente.

Tú y yo estamos viviendo días de engaño masivo. La humanidad está siendo engañada sobre su identidad sexual y género, los fundamentos y la definición del matrimonio y la administración de las finanzas. Si somos sinceros, tenemos que admitir que todos estamos siendo engañados de distintas maneras ya que Satanás está tratando de usurpar el gobierno legítimo de Dios en nuestras vidas. Puede ser más fácil distinguir lo que parece ser obvio, pero las formas más sutiles del engaño pueden causar igual daño en la vida de una persona, si no más. Satanás ha engañado al mundo entero. Algunos engaños son de manera muy explícita y fáciles de detectar, y otros de manera que no siempre podemos discernir fácilmente.

Cualquiera que sea el caso, este orden mundial está en las manos pegajosas y astutas del diablo, y él lo dirige mediante el engaño. De hecho, todo hombre debería recordar el engaño de Satanás constantemente, porque todos tenemos, lo que se suele llamar, la nuez de Adán, es decir, la protuberancia pronunciada en la parte delantera del cartílago tiroides alrededor de la laringe del hombre, una referencia al fruto que Adán no debería haber tragado. Por ello, cada vez que un hombre traga, debe recordar que ha sido engañado por el diablo en algún u otro momento.

Satanás hace un hábil trabajo al engañar a todos con el objetivo de impedirles vivir como vencedores.

Satanás hace un hábil trabajo al engañar a todos con el objetivo de impedirles vivir como vencedores. Su trabajo principal en nuestra vida personal, nuestras familias, iglesias y comunidades es impedirnos entrar en la universidad del crecimiento espiritual. Este es su objetivo, porque si puede forzarnos o manipularnos o incluso acusarnos suficientes veces, puede impedir de manera ilegítima que tengamos acceso a todo lo que Dios tiene reservado para nosotros.

Al fin y al cabo, Satanás es el acusador, como vemos nuevamente en Apocalipsis 12:10: "Entonces oí una gran voz en el cielo, que decía: Ahora ha venido la salvación, el poder, y el reino de nuestro Dios, y la autoridad de su Cristo; porque ha sido lanzado fuera el acusador de nuestros hermanos, el que los acusaba delante de nuestro Dios día y noche".

Acusar a alguien se refiere a una acción legal, porque *acusar* es un término legal. Tiene que ver con un demandante en un juicio que busca derrotar a alguien legalmente. Pero Satanás no solo está tratando de derrotarnos legalmente, sino que además está tratando de derrotarnos ante Dios mismo. Nos acusa ante Dios, día y noche. Lo hace al buscar un error legal que cometamos, que no lo podamos sostener ante un Dios justo y santo. Cree que, al hacer eso, puede impedir que Dios cumpla lo que ha diseñado para nosotros. Busca reemplazar nuestro propósito del reino con enfermedad, depresión, adicciones e incluso muerte prematura. (Y la meta de Satanás para los no cristianos es evitar que se conviertan y lleguen a ser creyentes en Jesucristo).

En resumen, Satanás quiere evitar que los cristianos vivamos el plan y el propósito de Dios para nuestras vidas durante nuestro tiempo en la tierra.

En resumen, Satanás quiere evitar que los cristianos vivamos el plan y el propósito de Dios para nuestras vidas durante nuestro tiempo en la tierra. Lo hemos visto al estudiar el mensaje de Jesús a las iglesias de Apocalipsis. Hemos visto las distintas maneras en que una persona o una iglesia pueden caer en la trampa o el engaño maligno. Y esto nos ayuda a vivir con una mayor conciencia de las artimañas del enemigo.

Sin embargo, a pesar de todos los intentos de engaño de Satanás y de toda su intimidación, opresión e incluso acusación, tenemos la capacidad de vencer. Hemos visto lo que podemos hacer para vencer a Satanás o a las circunstancias que se nos presentan en un esfuerzo por perturbarnos o destruirnos. Y la mejor forma de vencer se encuentra en este pasaje de Apocalipsis 12. El versículo 11 nos recuerda que somos vencedores por medio de la "sangre del Cordero", y luego en referencia a los hermanos, por "la palabra del testimonio de ellos, [que] menospreciaron sus vidas hasta la muerte".

FRENTE AL AGRAVIO, INCLUSO LA MUERTE

Como mencioné en el capítulo 1, en los Estados Unidos no necesitamos arriesgar la vida por nuestra fe. Aunque hay una creciente persecución y una definitiva oposición a la fe cristiana en muchos sectores de la sociedad actual, rara vez alguien pierde la vida por llamarse seguidor de Cristo, pero no es así en todo el mundo.

Maged Shahata había nacido en la pobreza, y ese sería el destino de sus tres hijos. Como seguidor de Jesús en una nación islámica, Maged tenía pocas esperanzas u oportunidades de un futuro mejor que el que había tenido hasta ahora. Vivir como una minoría religiosa en una nación casi el noventa por ciento islámica presentaba sus propios retos: discriminación y opresión, por nombrar solo dos.

Maged anhelaba una vida mejor para sus hijos que la que él había conocido. Por eso había decidido correr un riesgo aún mayor: buscar trabajo en un país aún más extremista que el suyo por un sueldo mejor. El riesgo de Maged había permitido a su hija mayor entrar en la universidad, algo que nadie de su familia había hecho nunca.

Hani Messihah también amaba a sus hijos: tres niños y una niña. Su devota esposa adoraba la risa de Hani en su casa y a menudo comentaba lo bueno que era: un hombre que repartía abrazos y besos a voluntad. Ella decía que él era su ángel. Hani solía hacer chistes y siempre le arrancaba una sonrisa a alguien, pero también era un padre de familia dedicado y responsable. Deseoso de mantener a su mujer, Magda, y a sus cuatro hijos a un nivel que nunca podría alcanzar en su propia tierra, se trasladó a otro país para darles la comida y el abrigo diarios que necesitaban. Hani sabía que este otro país entrañaba grandes riesgos debido a su fe, pero estaba dispuesto a correrlos para que sus hijos pudieran comer y asistir a una buena escuela.

Yousef Shoukry era un hombre tranquilo de veinticuatro años de quien se decía que tenía un corazón puro como el de un niño. Soñaba con casarse algún día y formar su propia familia. Como creyente en Jesucristo y procedente de un pueblo pobre de Egipto, Yousef sabía que tenía que aventurarse a ir a otro lugar para ganar el dinero suficiente a fin de que su sueño se hiciera realidad. Así que decidió trasladarse a Libia y buscar trabajo allí. Su madre le rogó que no fuera pues estaba al tanto de los peligros que acechaban allí a un cristiano. Sin embargo, Yousef creía que no tenía otra opción. Necesitaba los ingresos para que algún día sus propios hijos tuvieran la oportunidad de no quedarse atrapados, como él había estado, en ese entorno tan opresivo y pobre de Egipto.

Maged, Hani y Yousef eran hombres de gran valor. Eran hombres del reino, que buscaron el bien de sus hogares y sus familias a costa de su propio sacrificio personal. Pero, en el proceso, fueron puestos a prueba por algo que les costó todo lo que tenían.

El 15 de febrero de 2015, Maged, Hani, Yousef y otras dieciocho personas se arrodillaron como cautivos en una playa de la costa sur del Mediterráneo en Libia. Sus captores, extremistas islámicos, los llamaban "la gente de la cruz". Esa era la naturaleza de su supuesto delito. Más tarde se confirmaría que veinte de los veintiuno eran cristianos coptos egipcios. El número veintiuno no era ni cristiano ni egipcio. Dicen que era de Chad. Se llamaba Ayairga.

A medida que los extremistas islámicos avanzaban por la fila blandiendo una herramienta para cortar las cabezas de los creyentes arrodillados, le exigían a cada uno que se retractara de su fe y declarara lealtad a Alá para que fuera perdonado. Uno a uno los hombres del reino se negaron a retractarse y, en cambio la mayoría musitaba las palabras

Ya Rabí Yasou (Oh, mi Señor Jesús). Así, cada hombre perdió la vida por su fe. Cumplieron lo que dicen las Escrituras en Apocalipsis 12.

Al hombre número veintiuno, que no era cristiano copto, también se le exigió que jurara lealtad a Alá, el dios del islam. Lo que se relata a continuación debería hacer algo más que provocarte escalofríos y arrancarte un suspiro de asombro, como me sucedió a mí. Debería retarnos a reevaluar nuestra propia vida y el nivel de testimonio que damos de esta fe que profesamos.

Se cuenta que, como Ayairga había sido testigo de la inmensa fe y el compromiso de los otros veinte hombres, cuando llegó el momento de jurar lealtad a Alá, miró hacia abajo y hacia arriba y luego a sus captores y declaró: "Su Dios es mi Dios". Ayairga dijo eso a pesar de que sabía que hacerlo le costaría todo. Sin embargo, lo dijo con valentía, y esas palabras me persiguen incluso mientras escribo este capítulo. Ese hombre había sido testigo de una fe, entrega y compromiso tan poderosos en la vida de sus compañeros de prisión, que se convirtió a Cristo a costa de su propia vida. Cualquiera que fuera la fe de estos otros hombres, que les permitía dejar la vida con una dignidad y una esperanza tan fuertes y comprometidas, era una fe y un Dios en los que Ayairga podía creer.*

Digo que las palabras me persiguen porque cuando observo el cuerpo colectivo de Cristo hoy, a los que nos llamamos seguidores de Cristo ("la gente de la cruz"), me pregunto si alguien estaría dispuesto a renunciar a su vida física por la salvación de Dios porque han sido testigos de nuestro propio compromiso con *Ya Rabí Yasou*. Me pregunto: ¿Vería alguien nuestra vida y diría ante una muerte inminente: "Su Dios es mi Dios"? O, más bien, ¿los incrédulos observan la iglesia contemporánea de Cristo en los Estados Unidos hoy y la ven un poco más parecida a un club social y religioso? ¿Acaso está formada

* La historia de Maged, Hani y Yousef es una adaptación autorizada de *Kingdom Citizen*, de Tony Evans, Focus/Tyndale House Publishers, 2018.

por personas que no se diferencian de la sociedad que hemos sido llamados a transformar? Al final, ¿no nos convertiremos en otra iglesia como las del libro del Apocalipsis, que escucharon palabras de condena en lugar de elogio?

Aunque las estadísticas sobre el divorcio son discutibles en función de cada investigación realizada, pocos pastores admitirán la realidad de que existe un índice de divorcio alarmante en nuestras iglesias, al igual que abuso conyugal, tanto físico como emocional. Del mismo modo, la pornografía ha afectado a un sinnúmero de nuestros hombres. A menudo nuestro entretenimiento y nuestra música no se diferencian de los del mundo. Y pecados menos obvios culturalmente (pero igual de graves a los ojos de Dios) como el materialismo, la avaricia y la gula, que hacen estragos tanto en nuestros cuerpos como en nuestras billeteras, muchas veces reciben un "me gusta" en las redes sociales en lugar de que se nos pida cuenta para servir, dar o amar a otros con lo que Dios nos ha dado.*

¿Alguien mira nuestras vidas, nuestro sacrificio y nuestra dedicación y dice: "Su Dios es mi Dios"?

FRENTE A LA AUTODESTRUCCIÓN

Solo tenemos que mirar los indicadores dentro de nuestras propias cuatro paredes y debajo de nuestros propios campanarios para reconocer que demasiadas personas, familias e iglesias se están canibalizando hacia la autodestrucción. Hemos sido llamados a dar fruto, pero ¿cómo denominamos al fruto que empieza a comerse a sí mismo? Lo llamamos "fruto podrido". Debido a ello, nuestra sociedad está invadida por la agenda maligna del caos y la agitación. En consecuencia, muy pocos creyentes saben realmente lo que significa vivir con valentía una vida victoriosa como un vencedor.

Y hay pocos, si es que los hay, que miren y digan "Su Dios es mi

* Encontramos mención de estos patrones pecaminosos en Mateo 6:19-20; Hebreos 13:5; Lucas 12:15; Colosenses 3:5; Proverbios 23:21; Ezequiel 16:49-50.

Dios", porque pocos, si es que los hay, son testigos de un cambio radical de vida, compromiso y servicio abnegado para la gloria de Dios. Los principios de rendición y humildad se han perdido en nosotros. Rendirse significa mucho más que entregar tu vida ante la persecución, significa renunciar a tu voluntad para que se haga la voluntad de Dios. Significa renunciar a tu propósito para que se cumpla a través de ti el propósito de Dios. Incluso Jesús tuvo que enfrentarse al principio de la rendición en el huerto de Getsemaní cuando pidió que se hiciera la voluntad del Padre, no la suya.

Rendirse significa mucho más que entregar tu vida ante la persecución, significa renunciar a tu voluntad para que se haga la voluntad de Dios.

Sin embargo, demasiados de nosotros nos hemos contentado con vivir como agentes secretos cristianos, un concepto que mencioné por primera vez en el capítulo 1, reacios a rendir incluso nuestras conversaciones, carreras o contentamiento al gobierno supremo de Dios. Puesto que nos hemos apartado de nuestro anclaje bíblico (nuestro marco judeocristiano y nuestra perspectiva del reino), el infierno ha llenado los vacíos que hemos dejado. El caos ha invadido la cultura a la que estamos llamados a influir e impactar.

TOMA TU CRUZ

Las estadísticas indican que una persona media toma su teléfono más de mil quinientas veces a lo largo de una semana. Pero Lucas 9:23 nos llama a tomar algo mucho más importante: "[Jesús] decía a todos: Si alguno quiere venir en pos de mí, niéguese a sí mismo, tome su cruz cada día, y sígame". Debemos tomar nuestra cruz cada día, no solo nuestros teléfonos inteligentes porque estos ejercen influencia en nosotros. A menudo, incluso se interpone en el camino de lo que estamos haciendo o nos mantiene distraídos en otra cosa sin enfrentar la vida. En resumen, tomar nuestros teléfonos inteligentes domina cada momento de nuestras vidas.

Tomar tu cruz es hacer lo mismo. Es transformar continuamente tu pensamiento conforme al pensamiento de Cristo. Es ir a Cristo para ver lo que Él está haciendo, a dónde te está pidiendo que vayas o qué te está pidiendo que digas.

Ahora bien, por supuesto, tomar tu cruz no significa ir al Calvario para morir en la cruz. No, Jesús ya murió y pagó por los pecados de todo el mundo de una vez y para siempre. Antes bien, tomar tu cruz indica la voluntad de entregar tu vida cada día para la gloria de Dios y para cumplir su voluntad. Implica una entrega a identificarte voluntariamente con Jesucristo en tus actividades cotidianas, sin importar lo que te cueste hacerlo. Significa amar a Jesús y la agenda de su reino más de lo que amas tu propia vida.

Tomar tu cruz indica la voluntad de entregar tu vida cada día para la gloria de Dios y para cumplir su voluntad.

Jesús tiene un gran club de fans, pero solo tiene unos pocos que están dispuestos a tomar su cruz y seguirlo cada día. Demasiadas personas solo quieren que se las identifique con Jesús de manera casual. Se niegan a identificarse con Él públicamente con sus palabras y acciones. Sin embargo, Jesús no necesita más admiradores, sino seguidores serios del reino. No necesita cristianos convenientes o culturales, sino cristianos bíblicos. Vivir como un fan de Jesús no te da el poder necesario para vencer las dificultades de la vida y pelear las batallas espirituales. Solo cuando tomas tu cruz (cuando vives en obediencia diaria a Jesús como Señor y

Soberano sobre toda tu vida) tienes acceso a la autoridad del reino necesaria para vencer.

EL PODER DE DIOS MANIFESTADO EN NUESTRAS VIDAS

Si alguna vez necesitas un pasaje alrededor del cual edificar tu vida, si quieres un objetivo en el cual centrarte el resto de tu vida, Filipenses 3:8-11 es un pasaje excelente, que escribió el apóstol Pablo.

> Y ciertamente, aun estimo todas las cosas como pérdida por la excelencia del conocimiento de Cristo Jesús, mi Señor, por amor del cual lo he perdido todo, y lo tengo por basura, para ganar a Cristo, y ser hallado en él, no teniendo mi propia justicia, que es por la ley, sino la que es por la fe de Cristo, la justicia que es de Dios por la fe; a fin de conocerle, y el poder de su resurrección, y la participación de sus padecimientos, llegando a ser semejante a él en su muerte, si en alguna manera llegase a la resurrección de entre los muertos.

Veamos varias formas de manifestación del poder de Dios en nuestras vidas, como encontramos en este pasaje de Pablo.

El poder de la resurrección

Pablo habla de un poder que va más allá del suyo propio. Habla del fundamento para superar lo que la vida te depare.

Pues bien, conocemos el poder de la resurrección, que es el poder que levantó a Jesús de la tumba. Ese es el nivel de poder al que podemos acceder. Así que déjame preguntarte lo siguiente: ¿Qué problema o necesidad tienes que el poder de la resurrección no pueda resolver? ¿Qué está muerto en tu vida que necesita resurrección? ¿Dónde tiene Satanás una entrada a tu vida o trata de tenerla despiadadamente? Cuando haces de tu relación con Cristo tu máxima prioridad (una clave para vencer que abordamos en el capítulo 2) obtienes acceso al poder de la resurrección que te permite ejercer la autoridad del reino para prevalecer y ser victorioso sobre el pecado y las adversidades que Satanás pone en tu camino.

Pablo hizo una declaración muy interesante en relación con su conocimiento de Cristo: "De manera que nosotros de aquí en adelante a nadie conocemos según la carne; y aun si a Cristo conocimos según la carne, ya no lo conocemos así" (2 Corintios 5:16). Antes de su conversión, Pablo conocía a Cristo en el sentido de que había oído hablar de ese hombre llamado Jesús y quizá incluso lo había visto alguna vez. No obstante, después de convertirse al cristianismo, Pablo llegó a conocer verdaderamente al Señor, y su conocimiento previo y ocasional se borró porque se convirtió en una nueva criatura (v. 17).

Lo que le sucedió a Pablo fue un genuino "encuentro de poder". Se encontró cara a cara con el poder de la resurrección. Cuando conoces a Cristo, lo pasado se borra. No es de extrañar que el apóstol dijera, en esencia: "Atrás quedó lo que antes conocí. Ahora tengo un nuevo conocimiento".

Los cristianos victoriosos conocen a Cristo más íntimamente, se someten mucho más a su autoridad y así experimentan su poder de resurrección.

¿Por qué algunos cristianos viven en victoria mientras que otros viven derrotados? La respuesta no está en sus circunstancias, porque los cristianos victoriosos y los cristianos derrotados enfrentan básicamente el mismo tipo de pruebas. La respuesta no está en quién asiste más a la iglesia o quién lee más la Biblia. La respuesta está en que los cristianos victoriosos conocen a Cristo más íntimamente, se someten mucho más a su autoridad y así experimentan su poder de resurrección.

El poder de la participación de sus padecimientos

A muchos de nosotros nos gustaría poner un punto después de la frase *el poder de su resurrección* en lo que declaró Pablo en Filipenses 3:10. Nos gustaría omitir "y la participación de sus padecimientos" en ese mismo versículo. Sin embargo, si queremos conocer a Cristo tal como Él quiere que lo conozcamos (de una forma que nos acerque a Él) debemos conocerlo en "la participación de sus padecimientos" para llegar "a ser semejante[s] a él en su muerte".

Estamos llamados a participar de los padecimientos de Cristo, otra implicación de llevar la cruz de Cristo cada día. Para la mayoría de nosotros en los Estados Unidos, significa dar testimonio de Cristo, incluso cuando alguien en el trabajo o en cualquier otro lugar nos hace sentir incómodos a causa de nuestra fe. Para Pablo, la difícil participación de los padecimientos de Cristo significó una severa persecución, numerosas penurias y, finalmente, el martirio.

No obstante, también significó una clase especial de intimidad con el Señor que no se puede conocer de ninguna otra manera. Si alguna vez has sufrido profundamente junto a otra persona, sabes a qué me refiero. Nunca tendremos verdadera intimidad con alguien si le decimos: "Solo quiero compartir contigo los buenos momentos. Guárdate tu sufrimiento".

Mi difunta esposa, Lois, y yo estuvimos casados casi cincuenta años antes que ella pasara a la gloria eterna. Cuando dos personas comparten sus vidas durante tanto tiempo, llegan a conocerse tan bien que perciben los pensamientos del otro. Muchas veces decíamos lo mismo al mismo tiempo o uno de los dos decía justo lo que el otro iba a decir. Bromeábamos al respecto, pero eso forma parte de la belleza de la cercanía relacional. Jesús desea que nos relacionemos estrechamente con Él y que conozcamos profundamente su corazón y su Palabra, que conozcamos sus pensamientos y anticipemos lo que nos va a decir para guiarnos, orientarnos o mostrarnos el camino.

El poder de la relación

El poder para vencer (pelear las batallas espirituales) proviene de tu relación con Jesucristo, de tu relación con Él. Eso es lo esencial. Proviene de conocer a la persona de Cristo y de recibir la justicia y la autoridad del reino que solo vienen a través de tu relación permanente con Él.

En Filipenses 3:10, Pablo dejó claro qué es lo que más desea de tu relación con Cristo: "a fin de conocerle". Muchos cristianos quieren escuchar una predicación sobre las cinco cosas que deben hacer para vivir como vencedores o los cuatro pasos hacia la victoria sobre las adversidades de la vida. Ese es el estilo americano: "Solo dame una lista de cosas que debo hacer, y las hago". Sin embargo, no es lo que hemos aprendido al estudiar las siete iglesias de Apocalipsis. No se trata de una lista, sino de amor. No se trata de religión, sino de una relación.

Nada de lo que estoy diciendo sobre el cristianismo basado en el desempeño tiene la intención de implicar que no tenemos que hacer nada como cristianos. Dios nos ha preparado para hacer buenas obras (Efesios 2:10). Y puede que haya cuatro o cinco cosas que podríamos dejar de hacer o empezar a hacer para fortalecer nuestra vida cristiana. El problema es que a menudo atribuimos poder a nuestras *listas*.

Sabemos lo que hay que hacer. La cuestión es de dónde sacamos el poder para hacer lo que sabemos.

Supongamos que alguien me diga: "Tony, necesito una lista de cinco cosas que pueda hacer para vivir como un vencedor". Entonces le doy una lista de cosas básicas, como leer la Biblia y pasar tiempo en oración, y luego lo llamo dos semanas después para ver cómo le va. Y me dice: "No he mejorado mucho. Las cosas de esa lista ya las conocía, pero no logro ser constante".

El problema de esa persona es también el de nosotros. Sabemos lo que hay que hacer. La cuestión es de dónde sacamos el poder para hacer lo que sabemos. La Biblia dice que el poder viene de la relación. El poder viene cuando la Palabra viviente, Jesucristo, alcanza la palabra implantada en nuestra alma (Santiago 1:19-21). Esta relación permanente con Jesucristo permite que la semilla sembrada en nuestro corazón reciba el alimento espiritual de la Palabra de Dios.

Y a medida que se alimenta, crece. A través de su crecimiento, comienza a expandirse y a dominar nuestra alma. Es entonces cuando realmente notamos que mora en nosotros un poder para vencer que no viene de nosotros. Es entonces cuando descubrimos que nuestros pensamientos reflejan los pensamientos de Dios, nuestras esperanzas reflejan las esperanzas de Dios y nuestras opiniones reflejan las opiniones de Dios. Nuestra lista deja de serlo, porque, como es natural, nos sentimos atraídos a hacer las cosas que antes debíamos obligarnos a hacer. Esto se debe a que la Palabra implantada en lo profundo de nuestro corazón ha recibido las palabras vivas de Jesucristo de manera continua a causa de nuestra obediencia. Y su poder se manifiesta en nuestras vidas.

El poder de una vida vivificada

Cuando Jesús murió, nosotros morimos con Él a la antigua forma de vida carnal, pero ese no es el final de la historia. Cuando Cristo se levantó de la tumba, ¡nos levantamos con Él! Pablo dijo que su meta al identificarse con Cristo era "para poder experimentar, de una u otra manera, la resurrección de los muertos" (Filipenses 3:11, NTV). Parece como si estuviera hablando de la resurrección al final de los tiempos, pero se refiere a algo más, por más importante que sea. No aparece en las traducciones castellanas, pero hay un prefijo griego unido a la palabra *resurrección* que significa literalmente "de la resurrección". Pablo quería resucitar de algo. ¿Qué era?

Podríamos traducirlo como "la resurrección de entre los muertos". Pablo quería estar tan vivo en Cristo, que cuando caminara entre las personas espiritualmente muertas que no conocían a Dios, la vida de Cristo palpitara en él con tal poder que sería evidente para todos que él estaba vivo.

Echemos un vistazo a otra persona de las Escrituras, por ejemplo, al apóstol Pedro. ¿Por qué incluso la sombra de Pedro al pasar sobre los enfermos los sanaba (Hechos 5:15), y por qué se le cayeron las cadenas en la cárcel (Hechos 12:7)? ¿Cómo pudo alabar a Dios por el privilegio de sufrir por Cristo (Hechos 5:40-41)? Porque Pedro conoció a Jesús de una manera nueva en Pentecostés (Hechos 2). Pedro conoció a Cristo en el poder de su resurrección y en la participación de sus padecimientos, y tuvo una vida vivificada.

El poder de la conexión

Cuando era pequeño y vivía en Baltimore, los bomberos venían los sábados y abrían la boca de incendios para purgar la tubería. El agua salía a borbotones, entonces nos poníamos los pantalones cortos y jugábamos en el agua. Sin embargo, yo no entendía cómo podía salir tanta agua de aquella tubería tan pequeña. Un día se lo pregunté a mi padre. Me explicó que la boca de riego estaba conectada a una tubería subterránea que conducía a un depósito. Mientras esa conexión estuviera en su sitio, saldría mucha agua de la tubería.

Al igual que con la ilustración del refrigerador que no funcionaba cuyo nuevo propietario no había conectado a un tomacorriente, si no brota de ti el agua de vida, que te permite vencer las dificultades, distracciones y catástrofes de la vida (algunas de las cuales el diablo busca promover), no necesitas una tubería más grande, sino arreglar la conexión. Necesitas algo en tu interior que te conecte con la Fuente de poder. Necesitas una relación más cercana, más estrecha y más profunda con Aquel que tiene lo que necesitas para vencer, porque Él mismo venció todas las cosas. Estar bajo la autoridad de Jesús, debido a nuestra íntima relación con Él, nos coloca sobre el poder de Satanás para vivir como vencedores (Romanos 16:20).

10

VIVIR COMO UN VENCEDOR EN TODAS LAS COSAS

Una de las realidades de la vida es que rara vez es justa. De hecho, la vida nos ofrece una existencia agridulce. Algunos momentos son tan dulces y magníficos, que nos llenan de emoción por estar vivos. Pero en la otra cara de la moneda se encuentran el dolor, la angustia, las decepciones y las dificultades que experimentamos. A veces los causamos nosotros mismos, y otras veces los causan otros. Sin embargo, siempre duelen.

No obstante, si hay algo que debe preservar nuestra fe y fortalecer nuestro camino espiritual, son esos momentos en los que Dios aparece en medio del caos y nos saca adelante. Nuestra visión de Él se amplía en esas temporadas que no podemos avanzar por nosotros mismos, pero Dios nos da todo lo que necesitamos cuando más lo necesitamos. Una cosa es oír que *Dios es especialista en abrir caminos*, pero otra muy distinta es verlo abrir un camino. Una cosa es oír que *Dios tiene poder*, pero otra muy distinta es ver la manifestación de su poder. Una cosa es oír que *Jesús puede restaurar vidas*, pero otra cosa muy distinta es ver cómo restaura una vida.

Ningún pasaje de las Escrituras explica que somos vencedores, de una manera más conmovedora o más directa y fundamental, que

Romanos 8:31-39. Cada principio clave que hemos estudiado y explorando a través de estas siete iglesias de Apocalipsis puede resumirse en este pasaje fundamental escrito por el apóstol Pablo:

> ¿Qué, pues, diremos a esto? Si Dios es por nosotros, ¿quién contra nosotros? El que no escatimó ni a su propio Hijo, sino que lo entregó por todos nosotros, ¿cómo no nos dará también con él todas las cosas? ¿Quién acusará a los escogidos de Dios? Dios es el que justifica. ¿Quién es el que condenará? Cristo es el que murió; más aun, el que también resucitó, el que además está a la diestra de Dios, el que también intercede por nosotros. ¿Quién nos separará del amor de Cristo? ¿Tribulación, o angustia, o persecución, o hambre, o desnudez, o peligro, o espada? Como está escrito:
>
> > Por causa de ti somos muertos todo el tiempo;
> > Somos contados como ovejas de matadero.
>
> Antes, en todas estas cosas somos más que vencedores por medio de aquel que nos amó. Por lo cual estoy seguro de que ni la muerte, ni la vida, ni ángeles, ni principados, ni potestades, ni lo presente, ni lo por venir, ni lo alto, ni lo profundo, ni ninguna otra cosa creada nos podrá separar del amor de Dios, que es en Cristo Jesús Señor nuestro.

No sé a ti, pero a mí solo leer este pasaje me hace sentir victorioso; me hace sentir que puedo vencer cualquier situación de la vida. Hay poder en la Palabra para recordarte que sea lo que sea que estés enfrentando, no tiene la última palabra. Sea lo que sea que estés atravesando es algo creado, lo que significa que no existió por sí mismo. Aunque el pecado lo haya creado, aun así, fue creado. Y como una cosa creada, no puede tener la última palabra. Esto se debe a que Dios está por encima de toda la creación, y nada existe sin que esté bajo su dominio.

No se trata solo de atravesar o superar una situación, sino de ser más que vencedor.

Esta verdad es tan profunda, que el énfasis que hace Pablo cuando escribió este pasaje no existe en ninguna otra parte de las Escrituras. La expresión griega utilizada en el versículo 37, que traducimos como "más que vencedores", es la única vez que aparece. Pablo quería que cada uno de nosotros supiera que no solo somos vencedores. Ni tampoco que solo podemos sobrevivir en medio de las adversidades. No debemos vivir por debajo o apenas por encima de nuestras circunstancias. Más bien, somos más que vencedores a través de Jesucristo, que nos ama. No se trata solo de atravesar o superar una situación, sino de ser más que vencedor. En otras palabras, debes vivir como un cristiano victorioso y más que vencedor en Cristo.

COMO UN SUPERHÉROE MÁS QUE VENCEDOR

Ahora bien, para ser más que vencedor o conquistador, tiene que haber algo que conquistar o vencer. Es difícil ganar al baloncesto si juegas solo. Claro, así puedes ser imbatible, pero no en el verdadero sentido de la palabra *ganar*. Cuando no hay nada frente a ti que busque oponerse a ti, impedirte avanzar o hacerte retroceder, tu victoria no será dulce. Una victoria por descalificación del oponente rara vez es dulce. Sin embargo, esas victorias que logras con sudor y esfuerzo ofrecen una dulzura que dura para siempre.

Para ser como un superhéroe más que vencedor, necesitas comprender tu posición en Cristo. Puedes comprobarlo al retroceder unos versículos en Romanos 8: "El Espíritu mismo da testimonio a nuestro espíritu, de que somos hijos de Dios. Y si hijos, también herederos; herederos de Dios y coherederos con Cristo, si es que padecemos juntamente con él, para que juntamente con él seamos glorificados" (vv. 16-17).

En este pasaje, Pablo plantea una doble realidad relacional referida a los cristianos y nuestro vínculo con Dios a través de Cristo. En primer lugar, indica que somos hijos y herederos, pero luego continúa diciendo que, si sufrimos con Jesús, a través de nuestra identificación verbal y visible con Él, nos convertimos en coherederos. Son dos cosas muy distintas. El simple hecho de aceptar a Cristo como tu Salvador te ofrece una herencia como heredero, pero sufrir por Cristo, o en su nombre, te hace "coheredero" con Él.

Un coheredero es mucho más que un heredero. Por ejemplo, alguien puede ser hijo o hija de sus padres y ser heredero, pero si tiene uno o más hermanos, cada uno de ellos no necesariamente recibirá la misma herencia en el testamento de ese padre que los hace a todos simplemente herederos.

Sin embargo, ser un coheredero es otro nivel de vínculo. Un coheredero te une automáticamente a lo que tiene el otro heredero. Este contexto, junto con los versículos que le siguen, es uno de los mejores pasajes de las Escrituras para aplicarlo en la vida. Puede que ya lo sepas de memoria, pero repasémoslo aquí: "Y sabemos que a los que aman a Dios, todas las cosas les ayudan a bien, esto es, a los que conforme a su propósito son llamados" (Romanos 8:28).

Saber que este versículo sigue a una porción de las Escrituras que detalla los muchos sufrimientos o luchas que pueden enfrentar los cristianos ayuda a arrojar luz sobre el tema. Revela la profundidad con la que Dios puede hacer que todas las cosas redunden para bien. Los versículos 17 hasta el 28 hablan de luchas, pero Pablo quiere que tú, un hijo de Dios, sepas que, en medio de las lágrimas y el dolor que la vida te trae, Dios puede hacer que todo redunde para bien si lo amas y cumples el llamado que Él tiene para ti.

Cuando tu vida se caracteriza por un amor auténtico por Jesucristo y el deseo de buscar sus propósitos para ti, Él puede tomar tu dolor, tus dificultades y tus luchas y obtener un buen resultado de todo eso, pues los usa para conformarte a su imagen (Romanos 8:29). Es como cuando horneas un pastel. Mezclas todos los ingredientes para formar la masa. No te comes azúcar sola ni mantequilla sola. Tampoco te comes una cucharada de levadura en polvo, sino que se mezclan todos los ingredientes (especialmente lo que de otro modo sería amargo) para que todo funcione en beneficio del pastel *y* de quienes se lo coman.

A menudo, la vida funciona de forma similar. Cualquier circunstancia, relación o desafío que enfrentes puede ser amargo por sí solo. Puede que no huela bien por sí solo. Puede parecer sin forma por sí solo. Sin embargo, cuando le permites a Dios mezclar todo, revolver todo con su gracia y poner todo bajo el fuego de la presencia de su Espíritu dentro de ti, Él produce algo bueno. Dios, en su licuadora cósmica, puede tomar todas las cosas que te causan estrés, ansiedad, preocupación o dolor y mezclarlas para tu bien y su gloria. Eso es cuando tu vida está entregada a Él.

Que Dios haga que todas las cosas redunden para bien implica vivir una vida llena de amor por Él y conforme a sus propósitos.

Lamentablemente, este versículo se cita con frecuencia y se reclama para todos los creyentes sin ninguna aclaración sobre sus condiciones, pero vivir como un coheredero requiere una condición. Ser cristiano por sí solo no es suficiente para reclamar la promesa de este pasaje. Experimentar una vida en la que Dios hace que todas las cosas redunden para tu bien tiene condiciones. No es un versículo general que se aplique a todo el mundo. Que Dios haga que todas las cosas redunden para bien implica vivir una vida llena de amor por Él y conforme a sus propósitos. Cuando haces esas dos cosas, compruebas que su mano está mezclando y combinando todas las cosas para bien: lo bueno y lo amargo.

Veamos más sobre cómo, por la gracia de Dios, podemos decidir ser vencedores.

AMEMOS A DIOS COMO ÉL NOS AMA

Amar a Dios es más que tener sentimientos de afecto positivo hacia Él. Aunque esos sentimientos son buenos, no corresponden a su definición de amor, que encontramos en Juan 14:15, donde Jesús dice a sus discípulos (y a nosotros): "Si me amáis, guardad mis mandamientos".

La manera de amar a Dios es a través de nuestras acciones. A Él no le interesan las palabras. No le interesan las promesas vacías. Dios sabe que nuestro amor es real cuando decidimos obedecerle. Amar a Dios es un concepto tangible, que se puede medir, no meramente un sentimiento etéreo y emocional en el momento. Amas a Dios cuando haces lo que Él quiere que hagas, incluso si, y especialmente si, no quieres hacerlo. Y eso puede ser difícil.

Es fácil hacer lo que Dios quiere que hagas cuando te gusta hacerlo..., pero cuando tu obediencia a Dios va en contra de tus deseos naturales, es cuando se revela tu amor por Él.

Es fácil hacer lo que Dios quiere que hagas cuando te gusta hacerlo o lo habrías hecho de todos modos, pero cuando tu obediencia a Dios va en contra de tus deseos naturales, es cuando se revela tu amor por Él. Dios supo que Abraham lo amaba cuando obedeció la orden de llevar a su hijo a la montaña para sacrificarlo. Fue entonces cuando Dios le dio un carnero en reemplazo para el sacrificio (Génesis 22:9-15). Al igual que en cualquier relación terrenal, el amor espiritual por Dios se demuestra a través de las acciones. Puedes ver la obra de Dios haciendo que todos los ingredientes de tu vida se combinen para bien solo cuando lo amas.

Romanos 8:28 es un versículo de causa y efecto ya que tienes un papel que desempeñar en vivir como un vencedor. La forma en que desempeñas ese papel determina gran parte de lo que experimentas en la vida. Someterte o rendirte a Dios en medio de tu sufrimiento y situaciones negativas es lo que te lleva de vivir como un heredero a vivir como un coheredero con Cristo.

Demasiados cristianos están contentos con vivir como herederos. Están satisfechos porque saben que les espera la eternidad algún día. Sin embargo, cuando vives como coheredero con Cristo, obtienes más que la eternidad. Experimentas la mano de Dios en tu vida aquí en la tierra. Tienes acceso a su poder para vencer y tener la autoridad del reino aquí en la tierra. Además de tener acceso a mayores recompensas en el cielo.

Dios anhela llevarte a una fresca y nueva realidad y experiencia con Él donde Él toma las cosas divergentes, que parecen no tener ninguna interconexión en tu vida, y las combina para bien. Dios quiere que lo alabes cuando lo veas sacar algo positivo de tu dolor. La bondadosa providencia divina se hace particularmente visible en medio de situaciones dolorosas, ya que nos revelan su corazón como nunca imaginamos. En Romanos 8:32, Pablo proclama con denuedo el sentir de Dios por nosotros: "El que no escatimó ni a su propio Hijo, sino que lo entregó por todos nosotros, ¿cómo no nos dará también con él todas las cosas?".

Me encanta cómo traduce otra versión castellana ese versículo ("¿cómo no habrá de darnos generosamente, junto con él, todas las cosas?", NVI). La palabra *generosamente* nos habla de abundancia sin ningún cargo. Generosamente implica que el bien que Dios nos da proviene de nuestra relación de coherederos con Cristo. Este generoso caudal de la gracia se manifiesta cuando Dios toma lo bueno, lo malo y lo feo de tu vida y lo combina para bien. Lo bueno son las cosas de las que estás orgulloso. Lo malo son las cosas de las que te arrepientes. Lo feo son las heridas que la vida misma, o los demás, pueden haberte hecho. Todas estas cosas se combinan para producir un resultado bueno o beneficioso cuando amas a Dios con todo tu corazón.

Una de las formas en que Jesús se vuelve más real para ti es cuando estás pasando por una situación difícil. En esos momentos, Él se manifiesta a ti de una manera tan personal y significativa que a veces ni siquiera puedes explicar. Y lo hace, porque una relación de coherederos se establece y se arraiga en el amor. Dios obra a tu favor cuando más lo necesitas porque te ama. Así como tú te acercas a alguien que amas en sus momentos de dolor y sufrimiento y buscas la manera de ayudarlo o consolarlo, Jesús hace lo mismo con un corazón lleno de amor por ti. Cuanto más profundo es el dolor, más te acercas a Él y Él se acerca a ti.

Cuanto más profundo es el dolor, más te acercas a Él y Él se acerca a ti.

En el contexto del sufrimiento es donde Jesús te revela más su corazón. Ahí es donde recibes su poder y autoridad, que te permiten vivir como un cristiano victorioso, conquistador y más que vencedor.

VIVAMOS DE ACUERDO A LOS PROPÓSITOS DE DIOS

Dios no solo quiere que seas vencedor; Él quiere que seas más que vencedor. Quiere que aquello que parecía destruirte se vuelva insignificante en tu vida. De hecho, Dios puede incluso convertirlo en algo por lo cual lo alabes, porque reconoces que Él lo ha usado para tu bien.

El José del Antiguo Testamento experimentó mucho dolor y sufrimiento a manos de sus hermanos, que lo vendieron como esclavo a Egipto. Sin embargo, su perspectiva (vivir de acuerdo con los propósitos de Dios) le permitió ver el bien que Dios sacó de todo eso. Vemos el corazón de José en Génesis 50:20, donde les dice a sus hermanos: "Vosotros pensasteis mal contra mí, mas Dios lo encaminó a bien, para hacer lo que vemos hoy, para mantener en vida a mucho pueblo".

José no disfrutó de las dificultades que tuvo que enfrentar ni de los años que languideció en la cárcel acusado falsamente por la mujer de Potifar. No los celebró ni los llamó sus mejores años, pero sí reconoció el bien que produjeron no solo en su propia vida, sino en la vida de muchos que ahora se beneficiaban de los resultados del dolor, la adversidad y las dificultades que él había experimentado.

Ten la seguridad de que, sea lo que sea o quien sea que te ocasione problemas, nada ni nadie tienen la última palabra. No importa qué tan grande, poderoso o prepotente sea o sean, Jesucristo gobierna y reina sobre todas las cosas y todas las personas. Él está por encima de todo gobierno, autoridad, dominio y poder.

Por ejemplo, el presidente de los Estados Unidos tiene su asiento en la Oficina Oval de la Casa Blanca, y lo que él decreta desde ese asiento de poder puede afectarnos a nosotros como norteamericanos e, incluso, a personas de todo el mundo. Esto se debe a que un presidente estadounidense tiene una posición poderosa por encima de nuestro poder como ciudadanos y, en algunos casos, por encima del poder de otras partes de nuestro gobierno. Pero, si un hombre en una ciudad puede afectar políticamente a todo un país, o incluso al mundo, ¿qué crees que puede hacer el Rey de reyes y Señor de señores sentado en su trono muy por encima de *todo otro dominio y autoridad*?

Lo que tu enemigo, oposición, circunstancia o dificultad tenga que decir es *una* palabra, pero no es la palabra final. Tu jefe puede tener *una* palabra, pero no tiene la última palabra. Tu doctor puede tener *una* palabra, pero no tiene la última palabra. Tus finanzas pueden tener *una* palabra, pero no tienen la última palabra. Tus emociones pueden tener *una* palabra, pero no tienen la última palabra.

EL ACCESO A LA AUTORIDAD DEL REINO DE DIOS

En el capítulo 7, abordamos este tema con detalle, pero lo que te conduce a vivir como un vencedor es tu obediencia a Jesús y tu amor por Él, es el acceso a la autoridad del reino. Recuerda que autoridad tiene que ver con poder, pero autoridad no significa simplemente poder. Autoridad es el derecho de usar el poder que posees.

Por ejemplo, los árbitros no son los hombres más fuertes de todos los hombres en un campo de fútbol. De hecho, suelen ser más viejos y más lentos que todos los demás hombres que hay allí. Pero cuando un árbitro saca una tarjeta amarilla a un jugador que es mucho más rápido o fuerte, ese jugador tiene que someterse. El más rápido tiene que reducir la velocidad. El más fuerte tiene que hacer lo que dice el árbitro. Esto se debe a que el árbitro tiene un poder mayor llamado autoridad, y la autoridad prevalece sobre el poder.

He aquí otro ejemplo. Puede que estés conduciendo un vehículo más grande y potente que el auto de policía que viene detrás de ti, pero cuando ves que se encienden las luces rojas, te detienes. Esto se debe a que tu poder es irrelevante frente a la autoridad.

Si el capítulo anterior no te ayudó a entender que necesitas el poder de Dios para pelear las batallas espirituales, déjame decirte esto: El diablo es más grande que tú, más poderoso que tú, más astuto que tú, más fuerte que tú. No puedes vencer al diablo con tus propias proezas o tu propio poder, y te advierto que ni lo intentes. Sin embargo, cuando estás identificado con Cristo en una relación de amor con Él, estás reinando como un coheredero con Él, y su autoridad anula el poder de Satanás en tu vida.

Lo que Satanás puede hacerte desde el punto de vista de la autoridad es similar solo a lo que puede hacerte un hombre que te apunta con un arma. Al principio, puede que te sientas asustado y a merced de este hombre. Pero si alguien te indicara que su arma no tiene balas, él ya no controlaría tus acciones ni tus emociones. Esa es la diferencia entre el poder y la autoridad. Jesucristo tiene la autoridad porque Él "desarmó" a Satanás (Colosenses 2:15). Jesucristo quitó las balas del arma de Satanás. Al diablo todavía le gusta jugar al tipo duro para tratar de intimidar a todos con su poder, pero, a fin de cuentas, Jesucristo lo ha despojado de su autoridad. Por lo tanto, su poder es solo tan fuerte como pueda persuadirte a creer que lo es. En sí mismo, su poder no es suficientemente fuerte para superar la autoridad de Cristo.

Cuando Satanás venga a ti, recuerda que él tiene un arma descargada. Por supuesto, no te lo va a decir. El diablo quiere que pienses que no puedes vencer, que nunca vencerás y que siempre serás derrotado. Quiere que pienses que, dado que la depresión, gastar más de la cuenta, comer de más, problemas financieros, alguna forma de adicción o cualquier otra desgracia está en tu historia familiar, siempre serás víctima de ello.

Satanás fue desarmado en el Calvario. El diablo ya no tiene la última palabra.

Sin embargo, Jesús quiere que sepas que no hay balas en esa arma. Satanás fue desarmado en el Calvario. El diablo ya no tiene la última palabra, porque Jesucristo ahora tiene su asiento muy por encima de todo dominio y autoridad. Y tú y yo estamos sentados con Él, y compartimos esa autoridad cuando somos coherederos con Cristo en función de nuestra relación con Él.

ALABADO SEA DIOS

¿Estoy diciendo que no tendrás problemas? No. Estoy diciendo que, si amas al Señor tu Dios con todo tu corazón y te comprometes a cumplir sus propósitos en tu vida, aunque tengas problemas, Jesús te enseñará a caminar sobre el agua en lugar de ahogarte en ella. Te pondrá por encima de tus circunstancias, no por debajo de ellas. Hará que todas las cosas sean para tu bien, el bien de otros y su gloria.

Una forma de conseguir esta victoria aún más rápido es con nuestra alabanza a Dios. No por el día malo, la circunstancia difícil o el problema pesado, sino alabar a Dios por lo que Él es. José no alabó a Dios por la prisión; lo alabó en la prisión. Puedes alabar a Dios sin importar lo que estés enfrentando porque esa circunstancia no tiene la última palabra. Puedes alabarlo porque Él está sentado en lo alto por encima de todo dominio y autoridad y, en virtud de tu relación con Él, tú estás sentado juntamente con Él y, por lo tanto, tienes acceso a su dominio y autoridad en tu vida (Efesios 2:6).

Por esta razón es tan importante prestar atención a las iglesias de Apocalipsis. En Apocalipsis 12:10-11, leemos que los creyentes han vencido. Vencieron a Satanás porque nunca perdieron de vista que lo que se había propuesto traer el infierno a sus vidas no tenía la última palabra. Nunca perdieron de vista que Jesús venció a Satanás, y que eso les dio acceso a una autoridad superior a la del diablo.

SENTADOS JUNTAMENTE CON CRISTO

Dios quiere que sepas, a través de estos ejemplos e ilustraciones de las Escrituras, que Jesús ha establecido la victoria para ti sobre tus enemigos y el enemigo. Puesto que Jesucristo está sentado sobre todo dominio y autoridad, tú también estás sentado allí con Él. De hecho, en Efesios 2:5-7, Pablo declara que "aun estando nosotros muertos en pecados, nos dio vida juntamente con Cristo (por gracia sois salvos), y juntamente con él nos resucitó, y asimismo nos hizo sentar en los lugares celestiales con Cristo Jesús, para mostrar en los siglos venideros las abundantes riquezas de su gracia en su bondad para con nosotros en Cristo Jesús".

No solo Jesucristo tiene un asiento en el cielo, tú también tienes un asiento allí. Te hizo "sentar... con Cristo Jesús" por encima de todo dominio y autoridad. Tienes una nueva ubicación espiritual, y, de nuevo, puedes tener acceso a esa autoridad si lo amas y vives de acuerdo a sus propósitos para tu vida. Tal vez estés diciendo, *si estoy sentado allá arriba con Jesús, Tony, entonces ¿por qué no estoy experimentando la victoria ahora?* La respuesta es simple. Porque el acceso a la autoridad del reino está ligado a que tengas una relación auténtica con el Señor. También está ligado a tu conciencia de esa autoridad y tu posición en Cristo.

Demasiadas personas no saben dónde están espiritualmente sentadas. Físicamente, estamos en la tierra, pero espiritualmente, estamos sentados en los lugares celestiales. La mejor manera que conozco de ilustrar esto es a través del portal de comunicación de Zoom. Durante la pandemia de COVID-19, Zoom fue una herramienta útil. No obstante, incluso en los inicios de la teleconferencia, nos proporcionó la capacidad de trascender al espacio y la ubicación como nunca antes. A través de este medio, yo podía estar sentado en mi oficina de Dallas y, sin embargo, estar presente completa y coherentemente en una reunión de la junta directiva de una organización en Chicago. Este método ofrecía la oportunidad de estar en dos lugares a la vez.

Físicamente, estamos en la tierra, pero espiritualmente, estamos sentados en los lugares celestiales.

Del mismo modo, tú y yo estamos físicamente posicionados en la tierra, pero también estamos en los lugares celestiales. Sin embargo, a menos que te des cuenta de eso y actúes con esa mentalidad, estarás confinado a lo que la tierra tiene para ofrecer. Debes abordar tu vida desde una perspectiva espiritual para obtener autoridad espiritual como un vencedor. Si todo lo que ves es lo que ven tus ojos naturales, entonces nunca verás todo lo que hay que ver. Si tus ojos están enfocados en el aquí y ahora, no podrás experimentar el gobierno del cielo en la tierra. Tu ubicación en la tierra no te da autoridad. Solo el cielo tiene acceso a esa autoridad, porque esa autoridad está ligada a Jesucristo.

Cuando aprendes a actuar en función de esa autoridad divina, todo cambia. Cambia el factor de intimidación que otros puedan ejercer sobre ti. Cambian tus niveles de temor, preocupación, miedo y todo lo demás. De hecho, cuando sé en lo profundo de mi espíritu que Dios me ha mostrado algo que Él va a hacer u obrar, no me molesta que otras personas digan que no va a suceder o que no puede suceder. Lo que otras personas digan se vuelve irrelevante cuando actúas de acuerdo a la autoridad de Jesucristo. ¡Puedes vencer todas las cosas!

Conocer esta verdad debería cambiar tu forma de caminar, hablar y actuar. Debería cambiar todo tu enfoque de la vida cuando te das cuenta de la diferencia que hay entre el poder y la autoridad.*

Lo que otras personas digan se vuelve irrelevante cuando actúas de acuerdo a la autoridad de Jesucristo.

Jesús puede conducirte a la experiencia de todo aquello para lo que fuiste creado. Si quieres ser victorioso y vivir como un vencedor, espera en Él, permanece en Él, descansa en Él, aprende de Él. Jesús es la respuesta a los desafíos y dificultades de la vida, porque en Él puedes vencer todas las cosas. Él quiere que seas victorioso. Quiere que vivas una vida abundante. Quiere que te conviertas en un testimonio de su obra

* El contenido de este capítulo que comienza con el párrafo "Ten la seguridad de que, sea lo que sea o quien sea que te ocasione problemas" ha sido adaptado con permiso de *El poder de la cruz* de Tony Evans, Editorial Portavoz, 2017.

en ti y a través de ti, para que otros también quieran conocerlo. Pero el secreto para vivir como un vencedor es tu voluntad de atravesar las situaciones dolorosas mientras estás arraigado y cimentado en Cristo.

RECUERDA QUE DIOS ESTÁ CONTIGO EN TUS PROBLEMAS

Uno de los versículos que leímos anteriormente tiene una palabra clave que muchos confunden con otro significado. Romanos 8:37 dice: "Antes, en todas estas cosas somos más que vencedores por medio de aquel que nos amó". La palabra clave en este pasaje es una palabra pequeña. Puede que la pases por alto si lees demasiado rápido, pero quiero que consideres la palabra *en*. Muchos le prestan atención o la traducen con un significado diferente, como "de". Quieren que el versículo diga: "de todas estas cosas" en lugar de "en todas estas cosas".

Sin embargo, la palabra es *en*. Y es importante por esta razón. Si decides pasar la vida tratando de evitar las dificultades y los estorbos que aparecen en tu camino, de insensibilizarte o incluso distraerte para no pensar en ellos, no experimentarás la vida como un vencedor. Jesús te da su gracia y autoridad en las pruebas y dificultades que enfrentas, pero, de todos modos, debes enfrentarlas. No puedes negarlas, distraerte para no pensar en ellas o simplemente fingir que no existen. De nuevo, para vencer algo, debe haber algo que vencer. Necesitas reconocer que hay algo que debes vencer y luego buscar a Jesús para que te guíe a atravesar esa difícil situación. Negarla o simplemente tratar de sobrellevarla solo prolongará sus efectos negativos en tu vida.

Si buscas a Jesús en las dificultades, lo encontrarás. En medio de las situaciones difíciles que enfrentas es cuando Dios extiende su mano y te levanta. Cuando Israel estaba atravesando el desierto, Dios extendió su mano y les dio maná para comer. Abrió los cielos y cayó de él copos de maíz. Los israelitas no fueron librados *del* desierto; fueron librados *en* el desierto. Esa es una distinción clave que debes hacer mientras vives como un vencedor.

En medio del caos de la vida misma puedes presenciar la mano divina de Dios que provee, consuela y libera. Muchas veces Dios libra a una persona de una situación difícil, pero no siempre. Romanos 8:37 tampoco lo promete, pero lo que Dios hará cuando mantengas tu corazón y tus ojos enfocados en Él es librarte *en* las circunstancias y los desafíos. Él estará allí contigo y te dará la paz que sobrepasa todo entendimiento. Te dará también sabiduría y entendimiento para ayudarte a atravesar el camino difícil y escabroso en el que te encuentras. Y aunque tu difícil situación, carrera, relación o cualquier otra dificultad no cambie o mejore, te darás cuenta de que eres más que un vencedor a través de Aquel que te ama y se entregó por ti.

No estás solo. En medio del dolor y los problemas de esta vida, no estás solo. Dios está contigo y camina junto a ti. Y cuando tu corazón le pertenece, Él te suple lo que necesitas para vivir como un vencedor, tanto ahora en el presente como en la eternidad.

No obstante, aunque quiero animarte, no quiero pintar un cuadro irreal de esta vida. Dios no te promete que, si lo sigues, el diablo te dejará en paz. No te promete que, si lo amas, nadie tratará de oprimirte o estorbarte. No te promete una vida libre de golpes, moretones o torceduras. Sin embargo, quiere que sepas que, puesto que no salvó la vida de su único Hijo, sino que lo entregó por ti, tu victoria está asegurada. No importa lo que estés atravesando o enfrentando en este momento, puedes ser un supervencedor o más que vencedor en Jesucristo.

11

BUSCAR UNA VIDA PIADOSA

Alrededor de mi tercer año de seminario, mi profesor me devolvió un importante trabajo y me puso una calificación de *Reprobado*. Mi objetivo había sido obtener una calificación sobresaliente. De hecho, durante el seminario, me había propuesto obtener *Sobresaliente* en todas mis asignaciones. Me encantaban mis asignaturas, me dedicaba a ellas de todo corazón y prestaba atención a cada detalle. Por eso, cuando recibí ese *Reprobado* escrito con lo que parecían luces de neón y una letra que parecía saltar del papel, se me encogió el corazón. No solo no había recibido un Sobresaliente, sino que había fallado por mucho.

Me quedé estupefacto mientras miraba mi calificación e intentaba averiguar cómo había podido ocurrir. Fue entonces cuando me fijé que había una nota escrita debajo de la palabra Reprobado. Era una nota de mi profesor que decía: *Buen trabajo, Tony. Tarea equivocada*. Había hecho algo equivocado con mucho esfuerzo. Y todo ese esfuerzo dirigido a la tarea equivocada no había resultado en nada más que una mala calificación.

Como hemos visto a través de nuestro estudio de los mensajes que Jesús envió a las iglesias del libro del Apocalipsis, así como del vistazo general que hemos dado a la cultura cristiana de hoy, muchos creyentes, tanto a lo largo de la historia como en nuestro entorno contemporáneo, han reprobado. Se han esforzado mucho en la tarea equivocada. Estamos trabajando más duro que nunca y nos esforzamos más que nunca, pero terminamos por obtener malas calificaciones. Estamos fallando en nuestros hogares, familias, carreras, prioridades e incluso en muchas de nuestras emociones personales.

No estamos fallando por no intentarlo. Hemos llevado la multitarea a un nivel completamente nuevo en las últimas décadas. La razón por la que tantos individuos carecen de la capacidad de vencer aquello que busca derrotarlos es que están poniendo el foco en la tarea equivocada.

Este fue uno de los problemas principales que tuvieron las siete iglesias de Apocalipsis, y es el problema principal para muchos de nosotros hoy. Porque la vida cristiana se reduce a lo que las Escrituras llaman *la búsqueda de la piedad.* El apóstol Pablo escribió a Timoteo en particular que siguiera la piedad, así como la justicia, la fe, el amor, la paciencia y la mansedumbre. (1 Timoteo 6:11). Tú y yo hemos recibido la salvación eterna para que podamos desarrollar y vivir vidas piadosas en la tierra.

QUÉ ES Y QUÉ NO ES LA PIEDAD

Permíteme definir la piedad para que todos estemos en la misma sintonía y entendamos cuál es realmente nuestra tarea. La piedad es un estilo de vida coherente, tanto en nuestra devoción como en nuestras acciones, con el reflejo de Dios mismo. La piedad es el sello distintivo de la vida cristiana, y tu poder espiritual, contentamiento y satisfacción personal.

La piedad es un estilo de vida coherente, tanto en nuestra devoción como en nuestras acciones.

Un alma que carece de piedad es un alma malnutrida, un alma hambrienta. Esto se debe a que tu alma fue diseñada para reflejar a Dios, para vivir en sintonía con Él. Cuando tu mente, cuerpo y alma no están en sintonía espiritual con Dios, tu alma se encuentra nutricionalmente privada de alimento y desnutrida. Dentro de ti hay un alma que anhela que el Espíritu de Dios se mueva dentro de ti, para que puedas experimentar más de la presencia de Dios en ti.

Con demasiada frecuencia, las personas presuponen que deben renunciar a algo para vivir una vida piadosa, pero la verdad es todo lo contrario. Al buscar una vida piadosa, obtienes todo lo que tu alma necesita para prosperar. En 1 Timoteo 4:8, Pablo explica la importancia de la piedad y la motivación para buscarla: "el ejercicio corporal para poco es provechoso, pero la piedad para todo aprovecha, pues tiene promesa de esta vida presente, y de la venidera". Pablo escribe esto a Timoteo para recordarle los beneficios de la piedad. La piedad no solo es valiosa para un venturoso futuro; también es buena para para la desventura del presente. La piedad es decisiva para vivir como un vencedor.

Ahora veamos lo que *no* es la piedad, porque eso te ayudará a entender mejor el concepto. En 2 Timoteo 3:1-5 leemos:

> También debes saber esto: que en los postreros días vendrán tiempos peligrosos. Porque habrá hombres amadores de sí mismos, avaros, vanagloriosos, soberbios, blasfemos, desobedientes a los padres, ingratos, impíos, sin afecto natural, implacables, calumniadores, intemperantes, crueles, aborrecedores de lo bueno, traidores, impetuosos, infatuados, amadores de los deleites más que de Dios, que tendrán apariencia de piedad, pero negarán la eficacia de ella; a estos evita.

Estos términos descriptivos nos ayudan a reconocer lo que en las Escrituras se conoce como "apariencia de piedad". Una apariencia de algo no es el objeto real. Es algo que se parece a ese objeto y representa a ese objeto, pero no es ese objeto. La palabra griega para "apariencia" significa "forma" o "silueta". Es una apariencia, un contorno o incluso una sombra del objeto real, pero no es el objeto real en sí. Cuando ves la sombra de una persona, estás viendo la silueta de su sustancia. En otras palabras, la sombra no es en absoluto la persona. Por lo tanto, vivir una apariencia de piedad no es vivir la piedad misma. Es vivir algo que refleja la piedad, pero que, al tocarlo, sentirlo o examinarlo, se queda corto. Es, más bien, una sombra vacía que no tiene ninguna sustancia. Y como no tiene sustancia, tampoco tiene poder.

Vivir una apariencia de piedad no es vivir la piedad misma... se queda corto. Y como no tiene sustancia, tampoco tiene poder.

Cualquiera puede disfrazarse de Superman o de uno de los Vengadores, pero eso no lo convierte en un superhéroe. Si intentaran volar, se caerían. Si intentaran usar poderes de superhéroe, fracasarían. Si intentaran saltar de un edificio, se estrellarían contra el piso, porque un disfraz no es el personaje en sí. Una apariencia de algo carece del poder necesario para llevar a cabo lo que la verdadera persona u objeto encierran.

Una vez llegué a un hotel con hambre, así que, naturalmente, me acerqué a la mesa donde había agua y un refrigerio de bienvenida. Tomé una manzana y le di un mordisco para descubrir que era de cera. Había clavado los dientes en una manzana artificial. La manzana no era real. Tenía la forma, el color y el aspecto de una manzana, pero no tenía la sustancia de una manzana. Parecía muy auténtica, pero no existía esa realidad y, desde luego, ese bocado no contenía ninguna satisfacción nutricional.

Esta apariencia de piedad a la que se refiere la Biblia también se conoce como religión. La religión da la impresión de algo relacionado con Dios que es real, pero no lo es. Es una apariencia. Una persona puede aparentar ser religiosa. Puede usar ropa religiosa. Puede utilizar un léxico religioso. Puede hablar como un cristiano. Incluso puede llevar una Biblia bajo el brazo y juntarse con otras personas que hacen lo mismo. Pero, a pesar de todas estas acciones externas, no tiene un verdadero poder espiritual, porque el poder espiritual está ligado a una relación con Cristo. No proviene de la religión.

He sido pastor por varias décadas y he visto (seguramente, igual que tú) a muchas personas que han asistido a la iglesia por años, pero sin ver ningún cambio real o crecimiento espiritual en sus vidas. Han asistido o se han conectado a las reuniones, pero el crecimiento espiritual no se produce por hacer acto de presencia. La madurez espiritual (también conocida como la piedad) viene a través de la intimidad con Dios. Ir a la iglesia, en sí mismo, no tiene el poder de hacerte más piadoso, al igual que entrar a un garaje no tiene el poder de transformarte en un automóvil. El lugar no es suficiente para el propósito.

Uno de mis lugares favoritos es una tienda de donuts a menos de un kilómetro de mi casa. Llevo décadas yendo allí, y sus dueños siguen siendo los mismos. (Como te imaginarás, me conocen por mi nombre). Todos los donuts de esta tienda son dulces y todos vienen espolvoreados con azúcar. Si quieres que un donut sepa realmente bien, mételo unos segundos en el microondas y eso hará que el azúcar se derrita y lo bañe por los lados.

Sin embargo, no importa cuántas veces vayamos a una tienda de donuts, probablemente eso no nos haga estar mejor. De hecho, cuanto más a menudo vayamos, probablemente peor estaremos. Aunque el ambiente sea dulce. Aunque el aroma sea dulce. Aunque todos tengan un aspecto tan genial, comer un donut no tiene ningún valor nutricional. Todo lo que obtienes son calorías vacías sin ningún beneficio físico.

Para muchas personas, la iglesia es la tienda de donuts de Dios. Vienen para escuchar una dulce música. Vienen para escuchar un sermón que les endulce el oído. Disfrutan de la dulce atmósfera y de ver a todo el mundo engalanado con sus dulces sonrisas de domingo. Pero, cuando no hay una verdadera relación con el Dios viviente y todo se trata de una forma de religión, se van sin ninguna madurez espiritual. Puedes tener la apariencia sin la realidad. Puedes tener la parafernalia sin el poder. Puedes tener la apariencia de espiritualidad sin la verdadera autoridad del reino.

Para muchas personas, la iglesia es la tienda de donuts de Dios... Vienen para escuchar un sermón que les endulce el oído.

Por lo tanto, si vas por la vida sin el poder espiritual disponible para ti como un hijo del Rey, tienes que preguntarte si estás buscando la piedad o simplemente estás viviendo una rutina (la liturgia) del cristianismo.

La verdadera piedad se encuentra en una relación correcta con Dios. Cuando aprovechas la relación con Dios, accedes al verdadero poder. Si recuerdas, en la narración del Antiguo Testamento sobre Moisés y los magos del Faraón, los magos arrojaron sus varas, y las varas se convirtieron en serpientes. Tenían apariencia de poder, pero cuando Moisés arrojó su vara, también se convirtió en una serpiente, que luego devoró a las serpientes de los magos. Esto se debe a que la serpiente de Moisés no solo tenía la apariencia de una serpiente; tenía el poder de una serpiente.

Solo la piedad viene con el poder que te permite vivir como un vencedor. Por lo tanto, la piedad se demuestra por el poder. Y tan importante es este aspecto de la vida espiritual, que las Escrituras usan el término *piedad* más de una docena de veces en el Nuevo Testamento. La mayoría de las veces aparece en las epístolas, que fueron cartas escritas a las iglesias primitivas. Y es de esperar que apareciera en las epístolas porque la piedad es una de las tareas principales de la iglesia. Todo lo que hacemos debe medirse con la vara de si estamos o no trabajando en la tarea correcta. Si lo estamos haciendo está muy bien, pero si estamos trabajando en la tarea equivocada, no deja de ser un *Reprobado* espiritual:

Pablo lo destaca en 1 Timoteo 6:3-6:

> Si alguno enseña otra cosa, y no se conforma a las sanas palabras de nuestro Señor Jesucristo, y a la doctrina que es conforme a la piedad, está envanecido, nada sabe, y delira acerca de cuestiones y contiendas de palabras, de las cuales nacen envidias, pleitos, blasfemias, malas sospechas, disputas necias de hombres corruptos de entendimiento y privados de la verdad, que toman la piedad como fuente de ganancia; apártate de los tales. Pero gran ganancia es la piedad acompañada de contentamiento.

LA PIEDAD ES UN ESTILO DE VIDA

Como he mencionado, la piedad es un estilo de vida que refleja el carácter de Dios. Sin embargo, un estilo de vida no es un evento. Tampoco es una lista. Un estilo de vida son tus hábitos de vida. Es cómo actúas, lo que piensas, lo que decides permitir en tu mente, lo que hablas, cómo ves tus finanzas, lo que buscas para entretenerte y mucho más. No tienes ni que pensar en un estilo de vida. Tu estilo de vida es lo que es natural en ti. Cuando vives piadosamente, el carácter, la voz y los valores de Dios te llegan sin que tengas que preguntarte *¿Qué haría Jesús?* Nunca entendí esa pregunta cuando era tan popular en nuestra cultura, porque una persona espiritualmente madura no necesita hacérsela. Cuando tienes una relación íntima con Jesús, su Espíritu que está en ti te guía y te dirige.

La piedad implica estar de acuerdo con Dios en lo profundo de tu ser. Eso podría parecer una afirmación sencilla, pero es mucho más profunda y más difícil de lo que parece. El acuerdo no se produce por una lista o una forma de religión. El acuerdo viene de tu interior. Cuando tu espíritu está en sintonía con el Espíritu Santo, se produce el acuerdo. Si alguna vez estás en desacuerdo con Dios, es porque te has convertido en tu propio ídolo. Una vez que dices, *no creo que Dios tenga razón en esto*, acabas de juzgar al Dios que creó todo. Acabas de tratar de ponerte por encima de Dios, lo que te coloca en la posición de un ídolo.

La piedad implica estar de acuerdo con Dios en lo profundo de tu ser.

De modo que un monumento que te construyes a ti mismo refleja un estilo de vida de impiedad. Por eso, las redes sociales pueden ser tan peligrosas. Proporcionan una plataforma para que las personas se erijan monumentos a sí mismos. Si bien tiene muchos buenos usos, a menudo se convierte en nada más que una plataforma para la autopromoción y propaganda personal. Es una de las artimañas de Satanás para tratar de elevar el ego humano por encima de Dios, y cada vez más personas caen en la trampa. Basta con echar un vistazo a las redes sociales para comprobarlo.

Otra forma de idolatría (o impiedad) dentro de la forma de la religión es el legalismo. Pablo se refiere a esto como una "doctrina de demonios". Leemos acerca de ella en 1 Timoteo 4:1-5:

> Pero el Espíritu dice claramente que en los postreros tiempos algunos apostatarán de la fe, escuchando a espíritus

> engañadores y a doctrinas de demonios; por la hipocresía de mentirosos que, teniendo cauterizada la conciencia, prohibirán casarse, y mandarán abstenerse de alimentos que Dios creó para que con acción de gracias participasen de ellos los creyentes y los que han conocido la verdad. Porque todo lo que Dios creó es bueno, y nada es de desecharse, si se toma con acción de gracias; porque por la palabra de Dios y por la oración es santificado.

La doctrina de demonios está construida sobre el fundamento de la hipocresía. Muchos creyentes se han apartado de una relación correcta con Dios debido a esta falsa doctrina. El legalismo ofrece a quienes están en el poder una manera de controlar, manipular y hasta extorsionar a aquellos que están a su cargo. La piedad no significa vivir una vida perfecta; significa vivir a la luz de la presencia de Dios a tal grado que tu corazón late en sintonía con el suyo. Tus pensamientos reflejan los suyos. Tus elecciones honran su carácter. Tienes conciencia de la presencia de Dios cuando vives una vida piadosa que hace mella en ti. No necesitas forzarla o leer una lista de reglas para mantenerla. Tu vida reflejará el amor de Dios cuando hagas de Él tu prioridad.

AMA A DIOS Y AL PRÓJIMO POR ENCIMA DE TODAS LAS COSAS

Esta es la razón por la que tantas personas no experimentan más el poder y la victoria de Dios hoy día: porque viven permanentemente con reglas, pero solo visitan la presencia de Dios. Jesús dijo que hay una regla (amar) que está por encima de todas las cosas, resumida en dos expresiones: "Amarás al Señor tu Dios con todo tu corazón, y con toda tu alma, y con toda tu mente. Este es el primero y grande mandamiento. Y el segundo es semejante: Amarás a tu prójimo como a ti mismo" (Mateo 22:37-39).

Debes amar a Dios y amar a tu prójimo. Amar a Dios significa buscar apasionadamente su gloria. Cuando estás estrechamente sintonizado con la presencia de Dios, el amor es tu forma de funcionar. El amor aparece en tus pensamientos, se manifiesta en tus palabras, se revela en tus decisiones, aparece en tus relaciones. El amor se refleja en cómo ves y pasas tiempo con Dios. Demasiadas personas pasan tiempo con Dios solo durante las horas de visita el domingo o por unos minutos cada mañana, pero aquellos que buscan la piedad viven en su presencia.

Muchas personas reducen la velocidad de su automóvil cuando ven un auto de policía. Cambian de comportamiento a la luz de la presencia del policía, pero una vez que el policía cambia de dirección, vuelven a violar la ley por exceso de velocidad. Dios no está interesado en tu obediencia si proviene de un corazón que solo desea evitar una mala consecuencia. Él desea que lo obedezcas porque lo amas, incluso cuando nadie te observa. Dios siempre nos observa y sabe lo que nos motiva por dentro.

PIEDAD, NO MUNDANALIDAD

La santidad es un reconocimiento exclusivo de la luz de la presencia de Dios en ti. La persona piadosa no vive una vida de santidad por obligación, sino por el deseo de agradar a Dios. Es consciente de que Dios está con ella en todo momento. Es consciente de que el amor de Dios es su fuerza vital. Y, debido a ello, ve la vida constantemente desde la perspectiva de su reino. Refleja a Dios y su influencia en su vida tal como el agua de un lago refleja el cielo. Es natural. No requiere esfuerzo. Fluye de la corriente de las aguas vivas del Espíritu en su interior.

Tal como mencioné anteriormente, la aparición de los medios sociales ha abierto una caja de Pandora de tentación hacia la impiedad. Uno de los mayores enemigos de la piedad es la mundanalidad. Leemos esto en una exhortación que Pablo hizo a Timoteo: "Mas evita profanas y vanas palabrerías, porque conducirán más y más a la impiedad" (2 Timoteo 2:16). Las redes sociales no solo ofrecen una plataforma para la autopromoción, sino que también proporcionan a Satanás una herramienta para el fenómeno mundial del *gaslighting*. La mayoría de las personas ha oído este término, pero daré una definición de lo que es para nuestro uso aquí:

El diccionario *Merriam-Webster* define la voz inglesa *gaslighting* como "la manipulación psicológica de una persona, por lo general, durante un período prolongado de tiempo que hace que la víctima cuestione la validez de sus propios pensamientos, percepción de la realidad o recuerdos, y generalmente provoca inestabilidad, pérdida de confianza y autoestima, confusión en la propia estabilidad emocional o mental y dependencia del perpetrador".

Las redes sociales y otros medios de comunicación se utilizan desde hace tiempo para intentar invalidar el concepto de la verdad y los valores.. La cultura global en general, y los estadounidenses en particular, han estado expuestos a las tácticas de intimidación del *gaslighting* para llevarnos a un cuestionamiento de la realidad, del papel de Dios en la realidad e, incluso, de la existencia de la verdad.

Una persona no necesita ser un delincuente para ser mundano. La mundanalidad es lo opuesto a la piedad.

Sin verdad, no hay piedad. Sin la verdad, terminamos como los individuos del libro de Jueces que "cada uno hacía lo que bien le parecía" (21:25). Las "profanas y vanas palabrerías" que ahora tienen lugar las veinticuatro horas del día, los siete días de la semana, hasta la saciedad, en múltiples medios de comunicación y medios digitales, así como en las publicaciones individuales de cada persona, han contribuido al aumento de la confusión mental y los trastornos emocionales y culturales. La mundanalidad es cualquier sistema dirigido por Satanás que deje afuera a Dios. Una persona no necesita ser un delincuente para ser mundano. La mundanalidad es lo opuesto a la piedad, en el sentido de que significa vivir ajenos a la perspectiva de Dios.

Otra forma de entender qué es la mundanalidad viene de la comprensión de cómo definimos las áreas de la vida. Por ejemplo, hablamos del "mundo de la moda", del "mundo de los deportes" o del "mundo de la política". Cada uno de estos términos define un subconjunto de la sociedad que se centra en un determinado aspecto. La mundanalidad es el subconjunto que se centra en perspectivas diferentes a la de Dios. Cualquier perspectiva que no sea la de Dios está arraigada en las "doctrinas de demonios" (1 Timoteo 4:1). No puedes fusionar las doctrinas de los demonios con la piedad. Así como no se puede combinar una señal de radio AM con una señal de radio FM porque operan en dos longitudes de onda muy diferentes, la mundanalidad y la piedad tampoco pueden combinarse.

Aquellos que eligen alternar entre las dos según el momento o ciertos días se conocen en las Escrituras como "de doble ánimo". La doble mentalidad conduce a la inestabilidad, ya sea inestabilidad emocional, relacional, financiera o de cualquier otra índole. Además, nos cierra el paso a la ayuda de Dios para vencer las dificultades de la vida (Santiago 1:5-8).

Estamos llamados a evitar la palabrería mundana para vivir una vida piadosa. La palabrería mundana es una comunicación carente de la perspectiva de Dios. Para vivir con una experiencia consistente de la obra de Dios en tu vida, necesitas sintonizar tus pensamientos con los de Dios. Las profanas y vanas palabrerías cortan esa sintonía. Es una estática que te impide escuchar a Dios con claridad.

Cuando se saca a un pez del agua después de capturado y se lo coloca en una barca o en la orilla, desesperada e instintivamente trata de tomar oxígeno a través del agua en su boca y luego a través de sus branquias, tal como lo hace en un lago o en el océano, pero no puede, porque está un entorno que no ha sido creado para él. No hay agua. Intentarlo no es suficiente y solo conduce a la muerte.

Cuando los hijos de Dios dejan a Dios fuera de sus vidas y aun así tratan de tomar la autoridad espiritual o el poder del reino que necesitan para vencer, solo están introduciendo ciclos de muerte en sus vidas. Ya sea la muerte de un sueño, una relación, una carrera o de cualquier otra cosa, tratar de sobrevivir espiritualmente usando la mundanalidad como tu oxígeno terminará por destruirte. Fuiste creado para mucho más.

Fuiste creado para vivir una vida piadosa y espiritual basada en tu conexión y relación con Jesucristo.

Fuiste creado para vivir una vida piadosa y espiritual basada en tu conexión y relación con Jesucristo. Así es como se experimenta la vida abundante que Cristo vino a dar (Juan 10:10). Si eres cristiano, Dios es tu entorno. Él te da el poder, te da lo que necesitas para vencer. Él suple todas tus necesidades. Tratar de escuchar las profanas y vanas palabrerías o una perspectiva mundana solo te causará dolor y sufrimiento y también lo hará a quienes te rodean. La piedad es un estilo de vida que se vuelve coherente con el carácter de Dios porque es un estilo de vida consciente de la total dependencia de Dios.

YA TIENES LO QUE NECESITAS

Lo que es más (y lo que debería ser una gran noticia para todos los que lean este libro) ya tienes todo lo que necesitas para vivir una vida piadosa en Jesús. Lo encontramos en 2 Pedro 1:3: "Como todas las cosas que pertenecen a la vida y a la piedad nos han sido dadas por su divino poder, mediante el conocimiento de aquel que nos llamó por su gloria y excelencia". Todo lo que necesitas para llegar a ser todo lo que Dios quiere que seas ya te pertenece. Así como los bebés llevan dentro todo el ADN que necesitan para desarrollarse plenamente en adultos, tú y yo llevamos dentro todo el ADN espiritual que necesitamos para desarrollarnos plenamente y llegar a ser cristianos piadosos.

Todo lo que necesitas para llegar a ser todo lo que Dios quiere que seas ya te pertenece.

Cuando aceptamos a Jesucristo como nuestro Salvador, el Espíritu Santo fecundó nuestro espíritu humano. Vivificó nuestro espíritu y nos dio vida espiritual. El problema es que el diablo busca abortar nuestra concepción espiritual. Satanás busca detener el desarrollo de nuestra madurez espiritual. Y, en muchos casos, ha tenido éxito. No obstante, eso no se debe a que los creyentes carezcan de lo que necesitan para crecer y desarrollarse, sino a que han sido seducidos, confundidos, engañados, perturbados o distraídos para que no busquen la piedad.

Sin embargo, la verdad es que Dios no solo te ha dado lo que necesitas para tu crecimiento espiritual, sino también el poder para lograrlo.

¿CUÁNTO LO DESEAS?

Si alguna vez has visto que alguien que estaba enfermo empieza a recuperarse, probablemente habrás notado que recupera también el apetito. De hecho, su apetito podría aumentar debido a los muchos días o semanas que no comió. Estará hambriento de nutrientes y alimentos.

Una manera de distinguir entre un creyente que crece de un

cristiano estancado y mundano es su apetito espiritual. ¿Cuánto desea esta persona conocer a Dios, aprender de Dios, orar a Dios, adorar a Dios y meditar en Dios? El apetito saludable es algo natural. No tienes que forzar el apetito en una persona saludable. Tampoco tienes que forzar el apetito espiritual en una persona piadosa.

Si tuviera que expresarlo en jerga deportiva, diría: "¡Demuéstrame cuánto lo deseas!". A menudo un entrenador puede determinar a qué jugador poner en un juego o preliminar basado en cuánto ese jugador desea ganar. Cuanto más desee ganar, más dispuesto estará a trabajar, estudiar, hacer ejercicio y practicar lo necesario para ganar.

¿Recuerdas lo que he mencionado en un capítulo anterior? Muchos equipos que ganan el Super Tazón no consiguen repetir la victoria al año siguiente porque la motivación que impulsa a un jugador o a un equipo a trabajar duro y durante muchas horas para ganar un campeonato suele estar arraigada en el deseo de obtenerlo. Una vez alcanzada la cima, es más difícil realizar el trabajo necesario.

A menudo, los atletas más difíciles de motivar son los que acaban de conseguir una victoria nacional de algún tipo. Han conseguido aquello por lo que han trabajado y, como consecuencia, su deseo de volver a lograrlo ha disminuido. Sin embargo, los que quieren ganar se esfuerzan más. Se puede distinguir al verdadero atleta del que juega a serlo. El verdadero atleta puede llegar a ganar campeonatos consecutivos. Es el que se esfuerza aun cuando puede descansar o retirarse por el logro obtenido.

Dios quiere que le demuestres cuánto lo deseas. Cuánto deseas tener acceso a su autoridad espiritual. Cuánto deseas vencer esa cosa, persona, drama, adicción, comportamiento o cualquier otra cosa que te esté dominando. Tu deseo se mostrará en tu voluntad a renunciar a las ganancias mundanas y concentrarte en tu vida espiritual con Jesucristo. ¿Estás dispuesto a dejar de lado las fiestas, la comida chatarra y otras distracciones (como a menudo lo hacen los atletas exitosos) con el fin de estar en condiciones de obtener una ganancia superior?

Después de todo, "gran ganancia es la piedad acompañada de contentamiento" (1 Timoteo 6:6).

Hay una ganancia en la piedad. Hay un beneficio en la piedad. Y, como hemos visto en el estudio de las siete iglesias de Apocalipsis, hay una relación de causa y efecto ligada a tu relación con Dios, que quiere bendecirte y darte todo lo que necesitas para vencer en esta vida. Y Él te ha mostrado el camino que debes seguir para recibir su poder: la búsqueda de la piedad.

12

GOZARSE EN EL CRECIMIENTO Y LA ABUNDANCIA

En este capítulo quiero dar a conocer algunas aplicaciones prácticas no solo para la búsqueda de la piedad, sino también para continuar creciendo en la piedad. Como ya hemos visto, la piedad es la tarea de la vida cristiana. Al acercarnos a Cristo y someter nuestra vida bajo su señorío y su gobierno, nuestra mente, nuestra alma y nuestro corazón ya deberían ser piadosos.

Sin embargo, la piedad también debería aumentar con el tiempo. La piedad no es un estado espiritual que alcanzamos y ya está. Es un proceso continuo. Es el camino hacia la vida abundante que Jesús dijo que vino a dar (Juan 10:10).

Si recuerdas o viste las repeticiones de la popular serie de televisión *Los Beverly ricos*, probablemente la recuerdes con cariño. Era una serie cómica y entretenida sobre Jed Clampett, un pobre montañero, que un día se dio cuenta de que brotaba "oro negro" del suelo de su propiedad en las montañas de los Ozarks. ¡Era petróleo! Jed se hizo multimillonario al instante, y lo convencieron de que empacara todas las pertenencias de su familia y se trasladara a Beverly Hills, California, con su hija, Elly May; su suegra, Granny; y su sobrino, Jethro.

En lugar de llevar la vida austera de pobres, vivirían una vida de lujo y tendrían acceso a todas las exquisiteces que ofrece el mundo.

Lo que mantenía nuestra atención semana tras semana era el reto que enfrentaba esta familia de abandonar el "pensamiento de pobre" de su antigua vida en las colinas. Ahora vivían a lo grande, pero habían traído consigo su pensamiento pequeño. Vivían en unas nuevas colinas, pero seguían actuando como pobres. Su nuevo hogar les ofrecía mucho más que la vida que habían dejado atrás, pero hasta que aprendieran a acceder a esas comodidades y a usarlas según su utilidad, seguirían atrapados en una mentalidad limitada. Parecían felices con su forma de vida, pero ¿no deberían haber querido más?

Todos los que han aceptado a Jesucristo como su Salvador personal han sido trasladados de un lugar de pobreza espiritual a un lugar de riquezas espirituales. Hemos sido arrebatados del reino de Satanás y ahora estamos sentados a la diestra de Jesucristo en los lugares celestiales en el reino espiritual. Sin embargo, todos sabemos que es difícil dejar atrás la vida espiritual de pobres y participar de las nuevas realidades espirituales que se nos ofrecen.

Todos los que han aceptado a Jesucristo como su Salvador personal han sido trasladados de un lugar de pobreza espiritual a un lugar de riquezas espirituales.

De hecho, todos sabemos lo que es traer la vieja vida a nuestra nueva realidad. Cuando llevamos nuestra antigua forma de pensar y nuestra antigua forma de vivir a nuestra nueva riqueza y perspectiva espiritual, eso nos trae consecuencias. Limita la cantidad de poder del reino al que tenemos acceso. Nos impide vivir verdaderamente como los vencedores que estamos destinados a ser y reducen nuestra influencia para Cristo.

Tú y yo somos multimillonarios en lo que se refiere al reino espiritual, pero demasiados de nosotros vivimos en pobreza espiritual. El momento de cambiar eso es ahora. El momento de subir de nivel y expresar todo tu destino divino es ahora. El momento de vencer todo lo que te impide avanzar es ahora.

Como recordatorio del capítulo anterior, la piedad es nuestro boleto hacia la vida como vencedores. Y defino la piedad como un estilo de vida coherente con el carácter de Dios. Ahora bien, piedad no significa perfección. No obstante, debemos tener una constancia tal que se convierta en una norma para nosotros buscar la piedad, así como reconocer rápidamente cuando no lo estamos haciendo. La meta de Dios para nosotros como creyentes mientras estamos en la tierra es transformarnos a la imagen de su Hijo (Romanos 8:29; 2 Corintios 3:17-18). Y para que seamos cada vez más semejantes a Jesús, necesitamos seguir creciendo en la piedad.

Veamos aplicaciones prácticas no solo para la búsqueda de la piedad, sino también para crecer en la piedad, que se detallan bajo estos dos encabezados generales: hacer el trabajo y permanecer en Jesús. Ambas cosas están en el camino hacia la vida abundante que Jesús tiene para nosotros.

HACER EL TRABAJO

No es el esfuerzo humano lo que nos ayuda a alcanzar la verdadera piedad. Viene a través de una concesión sobrenatural. Dios es la Fuente de poder de nuestra piedad y crecimiento espiritual. Y tenemos acceso a su poder sobrenatural a través de una relación íntima con Él y su Palabra. En 1 Timoteo 4:4-10 se expresa así:

> Porque todo lo que Dios creó es bueno, y nada es de desecharse, si se toma con acción de gracias; porque por la palabra de Dios y por la oración es santificado. Si esto enseñas a los hermanos, serás buen ministro de Jesucristo, nutrido con las palabras de la fe y de la buena doctrina

> que has seguido. Desecha las fábulas profanas y de viejas. Ejercítate para la piedad; porque el ejercicio corporal para poco es provechoso, pero la piedad para todo aprovecha, pues tiene promesa de esta vida presente, y de la venidera. Palabra fiel es esta, y digna de ser recibida por todos. Que por esto mismo trabajamos y sufrimos oprobios, porque esperamos en el Dios viviente, que es el Salvador de todos los hombres, mayormente de los que creen.

Pablo está escribiendo a Timoteo sobre la necesidad de integrar la disciplina personal a nuestras vidas si queremos buscar y crecer en la piedad. Señala que debemos disciplinarnos con el propósito de la piedad. La palabra griega para disciplina es la palabra de la cual también obtenemos nuestra palabra castellana *gimnasio*. ¿Qué haces en un gimnasio? Te ejercitas. Te pones en forma. Desarrollas fuerza física.

Ten en cuenta que no vas al gimnasio para crear músculos, sino para desarrollar los que ya tienes. El gimnasio está diseñado para desarrollar tus atributos físicos existentes. Pablo contrasta tu experiencia en el gimnasio para tu cuerpo físico con tu experiencia de desarrollo para tu crecimiento espiritual. Y, como ocurre con cualquier gimnasio, tienes que utilizarlo para obtener beneficios de él.

Es posible ser miembro de un gimnasio, pero no obtener ningún beneficio de él. El objetivo del gimnasio es ofrecerte la oportunidad de invertir en tu propio desarrollo físico, pero si no lo utilizas de forma constante, no obtendrás ningún beneficio de él. Del mismo modo, el crecimiento espiritual no te dará el poder y la autoridad del reino que necesitas a menos que apliques regularmente la disciplina personal para buscar y vivir la piedad. No viene en virtud de tu salvación. El crecimiento espiritual y la piedad vienen en virtud de tu búsqueda.

¿Sabías que ya tienes la piedad en ti? Cuando te convertiste a Cristo, recibiste una tarjeta de membresía que te da acceso a un gimnasio espiritual con el propósito de desarrollar la piedad que ya está presente dentro de ti. Tú ya posees todo lo que necesitas para la piedad, pero necesitas desarrollarla y fortalecerla. Dios desea que pongas tu alma en forma. Esto se hace a través del ejercicio espiritual regular, también conocido como disciplinas espirituales.

Tú ya posees todo lo que necesitas para la piedad, pero necesitas desarrollarla y fortalecerla.

Como sabes, cuando usas una lavadora, aun así, tienes trabajo que hacer. Una lavadora es una gran ayuda para la vida doméstica, pero no lo hace todo. Tienes que cooperar con ella, es decir, la lavadora no recogerá la ropa sucia por ti. Tampoco pondrá su propio detergente. Tienes que ponerlo tú. Tienes que poner tú el blanqueador. Tienes que seleccionar la temperatura del agua y el tiempo de funcionamiento. La lavadora es la fuerza que consigue la limpieza que necesita tu ropa, pero no actúa sola.

Como cristiano, tu alma todavía vive en la carne que puede producir pensamientos impíos, apetitos impíos y acciones impías. Las tendencias naturales de nuestra alma y las atracciones gravitacionales requieren una limpieza. Esta limpieza ocurre a través del ejercicio y entrenamiento en el gimnasio espiritual que Dios ha suministrado para nuestro avance y continua búsqueda de la piedad. La razón por la que tantos cristianos viven derrotados tanto tiempo (día tras día, semana tras semana y mes tras mes) es que sus almas no están en forma.

Aquí hay cuatro maneras específicas de hacer el trabajo.

1. Ejercitar el alma

Así como el cuerpo puede perder su forma, lo que se presta a un montón de quejas si tienes que subir escaleras, el alma también puede perder su forma. Un alma fuera de forma no puede hacer frente a lo que la vida y el entorno pecaminoso a menudo nos deparan. De modo que la manera de vencer es ejercitar tu alma. Así como no puedes alimentar tu cuerpo con comida poco saludable llena de toxinas o conservantes y esperar estar en tu nivel óptimo de rendimiento, no puedes alimentar tu alma con las toxinas de este mundo y esperar vivir como un vencedor del reino.

Todos sabemos que, con respecto a nuestro cuerpo físico, comer saludable o comenzar una rutina de ejercicios siempre comienza con una decisión. Tienes que decidir hacerlo. La realidad es que muchas veces una persona que hace ejercicio (aunque solo sea una rutina de caminata) o come saludable no quiere hacerlo. No siempre tiene ganas, pero lo sigue haciendo porque su salud óptima es más importante que sus emociones o incluso el cansancio. Cuando prioriza hacer algo para combatir su cansancio mediante el fortalecimiento de su cuerpo, a pesar de cómo se siente al principio, está tomando lo que llamamos una "decisión prioritaria". Una decisión prioritaria significa decidir hacer algo tengas o no ganas de hacerlo. Es tu prioridad.

Si tu alma no está en forma porque la impiedad gobierna tus pensamientos, palabras y acciones, necesitas más que la intención para vencer. Necesitas más que la resolución de vivir como un vencedor. Necesitas más que el deseo de crecer espiritualmente. Si la pereza espiritual impide las decisiones y la disciplina que desarrollan tus músculos espirituales, entonces no estarás en condiciones de vencer las dificultades como una forma de vida. Necesitas más que una buena intención para vencer. Necesitas ponerte a trabajar.

2. Negar la mundanalidad

Como ya hemos visto, el enemigo de la piedad es la mundanalidad. Pablo vuelve a enfatizar esto en el pasaje de 1 Timoteo que acabamos de leer cuando señala que debemos desechar "las fábulas profanas y de viejas". Esta frase de la cultura de aquella época significa que debemos rechazar lo que no tiene fundamento bíblico o espiritual. Pablo incluso habla de algunas de esas cosas en 1 Timoteo 4:1-3:

> Pero el Espíritu dice claramente que en los postreros tiempos algunos apostatarán de la fe, escuchando a espíritus engañadores y a doctrinas de demonios; por la hipocresía de mentirosos que, teniendo cauterizada la conciencia, prohibirán casarse, y mandarán abstenerse de alimentos que Dios creó para que con acción de gracias participasen de ellos los creyentes y los que han conocido la verdad.

Las fábulas profanas se refieren a falsas enseñanzas dirigidas a evitar que seas piadoso (o incluso que continúes creciendo en la piedad). Son dichos y discusiones sin fundamento bíblico o verdad. Pablo nos da dos ejemplos en el pasaje: prohibición de casarse y abstención de ciertos alimentos. Se refiere a ambas cosas como doctrinas de demonios. Son un montón de palabrería sin autoridad divina.

La transformación de tu vida ocurre cuando practicas las disciplinas espirituales.

Esencialmente, Pablo nos advierte que cualquiera que elija vivir su vida según fábulas sin fundamento bíblico no puede esperar que ocurra una transformación en su vida. La transformación de tu vida ocurre cuando practicas las disciplinas espirituales. Desarrollas tu capacidad de vencer cuando basas tu visión de las cosas en la visión del reino de Dios. Ya posees todo lo que necesitas para vivir y crecer en la piedad, pero necesitas abstenerte de mezclarlo con formas de pensamiento mundano.

3. Vivir en comunidad

Una de las mejores formas de mantener un programa de entrenamiento es tener un compañero de entrenamiento. Así tendrás a alguien que te ayude a mantenerte motivado cuando no tengas ganas de hacer ejercicio, y tú harás lo mismo por él. Un compañero de entrenamiento genera responsabilidad. Además, los compañeros de entrenamiento te ayudan a vencer la pesadez de las pesas que quieres levantar.

Es importante invertir tiempo en el crecimiento espiritual de los demás si tú mismo quieres crecer espiritualmente. Crecemos mejor juntos. Por eso es importante ser miembro de una iglesia. Si no asistes regularmente a una iglesia, te animo a que busques una donde puedas crecer bajo la enseñanza del pastor y junto a los demás miembros. La vida cristiana no es una vida solitaria. Estamos hechos para vivir en comunidad.

4. Desarrollar un corazón agradecido

Necesitas visitar el gimnasio de la piedad regularmente, porque la piedad es de provecho y beneficio para cada aspecto de tu vida presente. La piedad beneficia tus finanzas, tus relaciones, tu matrimonio, tu paternidad, tu carrera e incluso tu salud física. Cuando te ejercitas fuertemente en la piedad, experimentas los beneficios en todas las áreas de tu vida. Dios anhela que tengas una vida completa con todo lo que necesitas para vencer: la vida abundante. Dios quiere verte exitoso en todo lo que emprendas.

De hecho, como leímos anteriormente, Dios te ha capacitado para el éxito: "Porque todo lo que Dios creó es bueno, y nada es de desecharse, si se toma con acción de gracias; porque por la palabra de Dios y por la oración es santificado" (1 Timoteo 4:4-5). Ten en cuenta que "todo" significa que nada queda excluido.

Todo lo bueno que llega a tu vida viene de Dios. Sin excepción. Si es de beneficio para ti, entonces proviene de Dios como Fuente. Debes recibirlo con un corazón agradecido y, al mismo tiempo, santificarlo. La forma de santificar lo que Dios te ha dado es a través de la gratitud. Esa es una parte fundamental de tu rutina de ejercicios espirituales: un corazón agradecido.

La acción de gracias no es algo que manifestamos una vez al año cuando comemos pavo. La gratitud debe ser parte de nuestro estilo de vida diario. Cuando somos agradecidos con Dios, estamos invitando a la presencia de Dios a un nivel mayor. Es traer a Dios a todo lo que hacemos. Santificar algo significa apartarlo mediante la Palabra de Dios en oración. En especial, a través de un corazón agradecido afirmado en la Palabra de Dios y la oración.

Cuando somos agradecidos con Dios, estamos invitando a la presencia de Dios a un nivel mayor.

Tomemos como ejemplo la acción de "dar gracias". A menudo, cuando la gente come, bendice la comida. Puede ser la misma oración dicha de la misma manera, pero la clave es la "bendición". Pretenden santificar la comida y ponerla bajo el poder creador de Dios.

El problema es que damos gracias tan fácilmente por nuestra comida, pero nos olvidamos de bendecir todo lo demás. Nos olvidamos de expresar nuestra gratitud y de reconocer que Dios está por encima de todo y es responsable de todas las cosas buenas que tenemos. Pablo nos recuerda en 1 Timoteo 4:4-5 que debemos practicar la disciplina espiritual de la gratitud en todo lo que hacemos. Debemos invitar a la presencia de Dios en todo lo que hacemos. Eso significa "permanecer".

PERMANECER EN JESÚS

Jesús dijo a sus discípulos y a nosotros: "Si permanecéis en mí, y mis palabras permanecen en vosotros, pedid todo lo que queréis, y os será hecho. En esto es glorificado mi Padre, en que llevéis mucho fruto, y seáis así mis discípulos. Como el Padre me ha amado, así también yo os he amado; permaneced en mi amor" (Juan 15:7-9).

Jesús es el dispensador de la piedad. Tu nivel de piedad proviene de tu nivel de permanencia en Cristo. Jesús es el que produce el fruto espiritual en ti. Tú aprovechas su poder para producir piedad en ti cuando practicas su presencia en tu vida.

Practicar la presencia de Jesús significa traerlo a todo lo que haces, ya sea a tus pensamientos, palabras o acciones. También incluye mostrar un corazón de gratitud a lo largo del día cuando reconoces y eres testigo de las numerosas provisiones que Jesús te ha dado. Ya sea una provisión de sabiduría para saber qué decir o hacer en el momento adecuado, la provisión de seguridad o incluso una provisión material, Jesús es la Fuente de todas las cosas buenas que tienes en tu vida. Estas cosas se santifican a través de la Palabra de Dios y la oración.

Practicar la presencia de Jesús significa traerlo a todo lo que haces, ya sea a tus pensamientos, palabras o acciones.

¿Qué le pasaría a un levantador de pesas que solo ejercitara unas pocas veces al mes durante una hora? Inevitablemente, sus músculos se deteriorarían con el tiempo. Permanecer en Jesús un domingo de vez en cuando no equivale a una rutina de ejercicios espirituales. Permanecer significa entrar continua y decididamente en la presencia de Cristo a lo largo de tu vida.

Con demasiada frecuencia, veo que la gente viene a la iglesia solo en busca de una bendición o un beneficio: más dinero, un mejor matrimonio o algo más que mejore su vida, pero hay un problema con esa mentalidad. Cuando vienes a la iglesia solo por una bendición o un beneficio, pero no te preocupas genuinamente por buscar la piedad como un estilo de vida, es probable que no experimentes tu bendición o beneficio. La provisión de Dios a menudo está ligada al poder espiritual, y el poder espiritual se obtiene a través de la búsqueda de la piedad. La piedad viene a través de una fiel permanencia en Jesucristo junto con una práctica constante de las disciplinas espirituales: aplicar la Palabra de Dios, orar y dar gracias.

La piedad implica más que tener un devocional diario o asistir a un estudio bíblico. Eso tiene su lugar, pero insisto, la piedad es una forma de vida, un estilo de vida. Cuando permaneces en Cristo como una forma de vida, basado en su Palabra y en comunicación regular con Él, estás impidiendo que las doctrinas de demonios te dominen. Estás impidiendo que las fábulas profanas o las palabrerías vacías absorban tu energía y tu tiempo. De hecho, comienzas a sentirte incómodo con estas cosas cuando te expones a ellas, porque tu espíritu reconoce la influencia demoniaca de todas ellas.

Puedes decir que estás creciendo en la piedad cuando la impiedad, ya sea la tuya o la de otra persona, te hace sentir cada vez más incómodo. No puedes ver algunos de los mismos espectáculos tan fácilmente como antes. No puedes escuchar la misma música que antes, porque ahora comprendes el significado real de las letras. Ni siquiera puedes salir con algunos de los mismos amigos de antes, porque tus ojos se han abierto a sus patrones mundanos y la falta de carácter espiritual en lo que dicen y hacen. Tu vida es verdaderamente transformada de dentro hacia afuera cuando buscas la piedad en el gimnasio del crecimiento espiritual.

Todos tenemos lo que necesitamos para vivir como vencedores. Tenemos nuestro plan de entrenamiento espiritual, y se resume a invitar la presencia de Cristo para que influya en todo lo que pensamos, decimos y hacemos. Debes practicar su presencia todo el día, todos los días. A veces será un minuto durante algo en lo que estés concentrado. Otras veces serán cinco minutos cuando realmente busques conectarte al Espíritu en medio de tu día. Otras veces te encontrarás hablando audiblemente con Jesús mientras tomas una decisión.

Sea como sea para ti, y será diferente para cada uno de nosotros, sabrás que estás creciendo cuando te veas vencer lo que antes solía impedirte avanzar o derrotarte. Creces a medida que desarrollas una relación más profunda e íntima con Jesucristo y ya no dependes de las reglas y rituales de la religión.

Dios tiene una membresía de gimnasio para ti. Y, por cierto, es de inscripción abierta. Cualquiera que quiera entrar puede hacerlo en virtud de su relación con Jesucristo. Él ya ha pagado el precio. Con esta membresía y su uso viene el poder de la Palabra de Dios para operar en tu vida a través de la oración y la gratitud mientras practicas la presencia de Cristo. A medida que la piedad crece dentro de ti, la impiedad tiene que retroceder y desaparecer. No puedes tener ambas cosas. La vida del vencedor es una vida de disciplina espiritual revelada por la piedad en todo lo que piensas, dices y haces; pero la mejor parte es que no depende enteramente de ti. Tienes ayuda.

Durante mi infancia en Baltimore, me encantaba comer helado, pero soy de los que prefieren el helado blando. No me gustaba el helado duro, y no tenía un microondas cerca. Así que aprendí a triturar el helado con una cuchara hasta que se ablandaba. Sin embargo, ahora tengo un microondas y, en lugar de hacer todo el trabajo duro de triturar el helado para ablandarlo, simplemente quito la tapa del recipiente del helado y lo meto en el microondas durante unos segundos. El microondas hace todo el trabajo que antes tenía que hacer yo. Al poner mi helado en un entorno que hace el trabajo por mí, puedo descansar y disfrutar de lo que me gusta sin el dolor del esfuerzo.

No sé cuánto tiempo llevas machacando esta vida con una cuchara, intentando suavizar sus bordes duros. No sé lo atascado que te has quedado en el camino, pero sí sé que hay un microondas llamado Jesús, y si permites que tu espíritu permanezca en Él, Él ablandará, suavizará y endulzará las cosas para ti. Te saciará con cosas buenas mientras te beneficias de su poder espiritual para vivir como un vencedor en Cristo, luchar por la piedad y la vida abundante a lo largo del camino y ser recompensado por ello en la eternidad.

CONCLUSIÓN

DE VÍCTIMA A VENCEDOR

Uno de los deportes de entretenimiento más populares hoy día es la lucha libre profesional. El público queda cautivado cuando los combatientes se abalanzan violentamente sobre su contrincante, lo golpean y lo inmovilizan en el cuadrilátero. Sin embargo, muchos no saben que estos combates están guionados. Es decir, el ganador se determina antes del conflicto. Cuando ambos se enfrentan en el cuadrilátero, el ganador predeterminado no lucha *por* la victoria, sino *desde* la victoria. Sí, los vencedores tienen que pasar igualmente por el proceso de la batalla, lo cual puede dejarlos magullados, maltrechos y ensangrentados, pero saben que saldrán victoriosos cuando todo haya terminado.

Tengo buenas noticias para ti. Si conoces a Jesucristo como tu Salvador, tu victoria como vencedor ya ha sido predeterminada. En cualquier conflicto que estés enfrentando, no estás luchando *por* la victoria, sino *desde* la victoria. Sí, tendrás que pasar por las batallas de la vida ya que el mundo, la carne y Satanás todavía luchan contra ti, pero ten ánimo. Si sigues a Jesús como tu Señor, Él te dará la fuerza y el poder para recuperarte y seguir adelante.

De manera que, si los problemas en tu vida parecen estar ganando, solo recuerda que ya eres un vencedor. A veces los luchadores parecen encaminarse hacia la derrota, pero luego la batalla da un giro y salen victoriosos. Aunque tus problemas te estén victimizando, no eres una víctima. En realidad, eres un vencedor a la espera. Así que levanta la cabeza, abandona el rincón de la derrota y reclama tu victoria predeterminada en Cristo.

Sobre todo, recuerda que "mayor es el que está en vosotros, que el que está en el mundo" (1 Juan 4:4). Esa es la mentalidad de un vencedor.

EDITORIAL
PORTAVOZ

NUESTRA VISIÓN

Maximizar el efecto de recursos cristianos de calidad que transforman vidas.

NUESTRA MISIÓN

Desarrollar y distribuir productos de calidad —con integridad y excelencia—, desde una perspectiva bíblica y confiable, que animen a las personas a conocer y servir a Jesucristo.

NUESTROS VALORES

Nuestros valores se encuentran fundamentados en la Biblia, fuente de toda verdad para hoy y para siempre. Nosotros ponemos en práctica estas verdades bíblicas como fundamento para las decisiones, normas y productos de nuestra compañía.

Valoramos la excelencia y la calidad
Valoramos la integridad y la confianza
Valoramos el mérito y la dignidad de los individuos y las relaciones
Valoramos el servicio
Valoramos la administración de los recursos

Para más información acerca de nuestra editorial y los productos que publicamos visite nuestra página en la red: www.portavoz.com